頭がいい人の読書術

1冊10分でインプットし、30分でアウトプットする技術

尾藤克之
Bito Katsuyuki

すばる舎

「読みたい本はいっぱいあるのに、読む時間がない」

「本を読むスピードが遅い」

「読んでも、何が書いてあったか、すぐに忘れてしまう」

「本をたくさん読んでるけど、内容を覚えていない」

「感想を人に聞かれても、うまく説明できなくてもどかしい」

「1日1冊本を読むと新年に決めたが、3日坊主で終わった」

「集中力がなくて、本の内容が頭に入ってこない」

「速読術を試してみたけど、挫折した」

「机のまわりには、まだ読んでいない積ん読の山……」

そんな人でも、大丈夫。読書を楽しむ方法、教えます。

■はじめに

本がたくさん読めて、アウトプットできて、楽しくなるコツ

いま、読書がアツいです。

世の中にはいろいろな読書術があります。本を読むスタイルは多種多様ですが、いったいどれが正しいのか心配になってしまいます。

これまでも、技術論・方法論はたくさんありました。

「本を○倍速く読む方法」「○○リーディング」「○○術」、あげたらきりがありません。

もちろん、役立つ箇所もあり参考にはなるのですが、そもそも、いっぱいあります

ぎて、どれを選べばいいかわからない、もしくは、やってみたけど難しくて挫折した、という方もいるかもしれません。

それだけ、本を速く読みたい、たくさん読みたい、という方は多いのでしょう。

本書を手に取っていただいているということは、あなたもその一人かもしれません。多くの人が読書に、願望や悩みを抱えています。

では、どうすればいいのか？

結論から言います。

それは、

「本はあなたの好きなように読めばいい」

ということです。極論すると、それだけです。

具体的に言うと、

「本は全部読まなくていい」

「読みたくない本は、読まなくていい」

のです。

これから本書でお伝えする方法を身につけていただければ、あなたも、自分の好きなように、楽しく、読書することができます。

苦手な本、あなたに合わない本、義務感で読んでいる本を読む時間が減り、あなたが好きな本、あなたが読みたくてたまらない本、寝る間を惜しんでも読みたい本との時間が圧倒的に増えていきます。

あなたが好きな本、心から読みたい本を読む時間は、至福の時間です。好きな本、読んでいて楽しい本は、ページをめくる手が止まらず、速く、深く、読むことができます。

ところで、質問です。

あなたが今月読んだ本のなかで、一番面白かった本はなんですか?

その本の内容を、1分で話してください。

そう言われたら、うまく話すことはできますか？

1500文字でまとめてください。

そう言われたら、うまく書く自信はありますか？

どちらも自信をもって「はい！」と言えない方が多いかもしれません。

もし、本を月に100冊読んでいたとしても、読んだ内容や感想を、人に話したり、文章に書き起こしたり、アウトプットできないと、あまり有益な読書とはいえないでしょう。

アウトプットできてはじめて、本の内容が自分の血となり肉となり、自分のものになります。

でも、大丈夫。

本書の方法で、誰でも、短い時間で本を読み、読んだ本の内容をアウトプットすることができるようになります。

私は10年間、毎日のように、**「1冊10分で読み、30分で記事にする」**という作業を繰り返してきました。短い時間で、本をインプットし、読んだ内容をアウトプットしてきて、いまもそれは継続しています。

そういうと難しく感じるかもしれませんが、そんなことはありません。

本書では、「自分の好きなように、楽しく読む」という読書の大原則を押さえながら、短い時間で本を読み、その内容をアウトプットする秘訣について、なるべくわかりやすくお伝えしていきます。

読書上手、発信上手な、頭がいい人は、特別なことはやっていません。

誰もがマネできる、「ちょっとしたコツ」を押さえて、本を読み、アウトプットしています。あなたのまわりにも、仕事が忙しそうなのに、たくさん本を読んでいて、アウトプット量も多い人がいるはずです。

本書では、そんな人たちがやっている、「ちょっとしたコツ」を多くの人が実践できる形でたっぷり盛り込みました。

ぜひ、あなたのペースで、あなたの好きなように、1つずつ、実践してみてください。

毎日の時間に「読書タイム」があると、人生は豊かになります。

日々の生活のなかに、ほんの少し読書の時間があるだけで、心にゆとりができ、仕事もプライベートも充実していくはずです。

好きな本に囲まれ、好きな本と過ごす時間は、何ものにも代えがたいものです。

私自身、多くの本を読み、アウトプットすることで成長することができました。

1日1冊の読書習慣で、人生は好転するのです。

本書が、あなたがもっと本を好きになり、成長するきっかけになれば、著者としてとても嬉しいです。

それでは、そろそろ、本編に移りましょう。

読み終わったあとの再会を楽しみにしています。

もくじ

第2章 本は全部読まなくてもかまわない

第3章 頭がいい人は、読んだら忘れない仕組みをつくっている

1日1時間の読書タイムで、仕事も人間関係も豊かになる

第4章 頭がいい人のネット・新聞・雑誌の読み方

第5章 頭がいい人は、本を読んで終わりにしない

ブックデザイン：山之口正和（OKIKATA）
DTP：野中賢（システムタンク）

第1章

頭がいい人の読書は何が違うのか？

01

頭がいい人の読書は、ココが違う

読書は、速読でも熟読でもどっちでもいい

速読だけが読書じゃない

現在、さまざまな読書術が注目されています。読書の輪が広がることで「ビブリオバトル」や「読書会」などのイベントも各地で開催されています。

読書術は、一般的には、本を速く読むための技術として考えられています。読書速度をアップさせることができれば、効率的に大量の本を読むことができるからです。

すでに、いくつかの方法論があり、1分間で数万文字を読解することが可能とするものもあります。

実際、速読に関する本もたくさんあります。それだけ、「本を読むのが遅い」と感じている人が多いということでしょう。

日本速脳速読協会によれば、日本人の平均読書速度は500〜800文字／分とされています。参考までに、私は1冊のビジネス書を約10分で読みます。1冊6万文字とすれば、1分6000文字程度の読書速度です。

しかし、本を速く読むことと、その内容が身につくことは別の話です。**最も大切なことは、本で読んだ内容を、価値ある情報としてアウトプットできるようになること**です。

本を読み、その内容を価値ある情報としてアウトプットできるようになってはじめて、その本の内容を身につけたといえるのです。

熟読しても覚えられなきゃ意味がない

一方で、熟読を好む人もいます。熟読は熟読で楽しいものです。本をゆったりと熟読している時間は、本の世界にどっぷり入り込める至福のひとときです。

とはいえ、一字一句、長い時間をかけて本を読むことは、時間がたっぷりあるときならまだしも、限られた時間で読まなくてはいけないときには、なかなか難しいものです。

また、熟読すれば、本の内容が身につくとはかぎりません。熟読しても1週間もたてば内容なんてほとんど忘れています。それなら、手っ取り早く読んでいったほうが効率的といえるのです。

大切なことは、**読書の目的をどこに置くか**です。熟読しても数日たてば内容を忘れてしまうわけですから、内容を覚えることにあまり意味はありません。

たしかに、圧倒的なインプットをしたい場合、速読はおおいに役立ちます。

また、熟読にもメリットはあります。ビクトリア大学のマイケル・マーソン教授の調査では、熟読の人ほど内容を理解していることが明らかになっています。好きな本をゆっくり読みたいなら熟読でもかまわないでしょう。

私自身は、本は速読だろうが熟読だろうがかまわないと考えています。自分の好きなように読むほうが、気分も乗り、インプットする力も大きくなることが多いからです。

「共通ポイント」を見つければ、読み飛ばしても内容を把握できる

いま、みなさまが手に取っている私の本は、ビジネス書（もしくは実用書）と呼ばれるものです。ビジネス書を読んだことのある人ならわかると思いますが、内容には一定の**「共通ポイント」**があることに気がつくはずです。

たとえば、文章術の本であれば、「文章を書くことの必要性」が解説されているはずです。人間関係術の本であれば、「コミュニケーション構築の必要性」についてエッセンスが盛り込まれていることに気がつくはずです。

ビジネス書には「共通ポイント」があり、排除できない要素が存在することがほとんどです。そのため、ビジネス書は読み飛ばしても内容を把握することが難しく

ないといわれているのです。

では、どのようにして読めば、「共通ポイント」を見つけることができるのでしょうか。

私は、本の主題を理解することと、著者の心の奥深くにある**「隠れたテーマ」**を見つけることがポイントだと考えています。

私の本を例にしましょう。

私は、2018年に『あなたの文章が劇的に変わる5つの方法』（三笠書房）、『即効！ 成果が上がる文章の技術』（明日香出版社）という本を上梓しました。

どちらも文章術のスキル本ですが、「隠れたテーマ」は2つありました。

1つめは、「どんな文章が伝わるかは、プロの文筆家でもわからないこと」、

2つめは、「正しい文章が伝わるわけではないこと」です。

そう、読書の目的は、暗記することではありません。楽しみながら読んで、「隠

れたテーマ」に出会うことが、読書の醍醐味なのです。

たとえば、「メモ術」「時間術」「コミュニケーション術」など仕事術の場合は、「実行しなければ、技術を得ることは難しい」が本の隠れたテーマになるはずです。また、ジャーナリズムの本であれば、「熱くなりすぎず、感情をどう抑え込むか」が隠れたテーマになるかもしれません。

本には書き手の人間性があからさまになります。それを感じながら読むことで「隠れたテーマ」を見つけることができます。

楽しくなければ読書じゃない

著者に共感した箇所があれば「読書は成功」といえます。ですから、気楽に読書そのものを楽しむスタンスが大切です。

読書の習慣を、自分の生活のなかに取り入れることをおすすめします。食事やお風呂、リラックスしているとき、出勤時間、休み時間。自分の生活にパターン化することで自然に習慣化されていきます。

想像してみてください。読書を楽しむ未来のあなたの姿を――。

読書を楽しむ。そう決めるだけで、イマジネーションがかき立てられるようになりませんか。**読書を楽しむと決めた瞬間、あなたに必要な情報が、必要なときに頭にスッと吸収される**ようになります。

「いい読書をしなければいけない」「速く読まなければいけない」と、強迫観念を感じることはありません。このようなムダな強迫観念はバッサリ切り捨ててかまわないのです。

頭がいい人の読書のコツ 01

読書は楽しまなければ意味がない。
自分のペースで楽しく読むことが最も大切

02

頭がいい人は本を全部読まない

本は全部読まなくても
かまわない

つまらなかったら、途中で読むのをやめてもいい

「本は最初から最後まで全部読むべきでしょうか？」

そのような質問をいただくことがあります。

結論からいうと、つまらなかったら、途中で読むのをやめてもいいのです。

前項でお伝えしたように、読書は楽しむものです。つまらない本を読む時間は極力減らし、あなたが楽しむことができる本を読むことをおすすめします。

ビジネス書や実用書は、多くの場合、**キラーコンテンツ（著者にとって、最も伝えたいこと）を、最初に持ってくる傾向が強い**です。

つまり、第1章を読めば、おおむね、その本のクオリティや、内容、著者の主張は理解できることになります。

逆に第1章を読んでつまらない本は、そのあとの章もつまらないことが多いのです。

また、ビジネス書や実用書の場合、

「はじめに」「おわりに」「第1章」を読めば、内容の7割はつかめる

ことがほとんどです。

「はじめに」「おわりに」「第1章」を読んだ時点で、興味や楽しみ、必要性を感じなければ、途中で読むのをやめてしまってもかまわないと思います。最後まで読むと時間のムダになることが多いからです。

現在、私はコラムニストとして、多くのニュースサイトに記事を投稿しています。ニュースサイトで書きはじめたのは10年ほど前になります。最初は、一般的なコラム記事やトピックになりそうなルポ記事を書いていました。当時から比較的アクセスはよかったのですが、ある日、出版社の編集者から、書評をニュースサイトに載せてほしいと依頼されました。

結果的に、紹介した記事はＹａｈｏｏ！ニュースでアクセス1位となりAmazonが完売。すぐに重版がかかりました。

いまでこそ、書評サイトは群雄割拠でいたるところに存在しますが、当時は、書評専門のサイトなど、私の知るかぎり存在しませんでした。

しかも、Ｙａｈｏｏ！ニュースなど大手ポータルに掲載している人など皆無でした。定期的に載せていたのは、日本で私くらいのものでした。

その後、評判が広がり、日に何冊も献本が届くようになりました。記事を書くことでAmazonで完売するなど評判になっていましたので、日に日に献本数は多くなりました。

書籍紹介記事（私は書評とは言いません。ブックルポと呼んでいます）に限定すれば、本を読み（インプット）、記事化する（アウトプット）までがワンセットになります。

とはいえ、コラムニストの活動は私にとっては副業みたいなものです。本業がありますから必要以上に時間をかけることはできません。

1冊を10分で読み、30分で記事を書いて、10分で記事の投稿作業をします。

1冊を読んで1本の記事を書くのに1時間以内

と決めています。

では、どうすれば、そのようなことができるのか？
本書では、そのテクニックを紹介したいと思います。

頭がいい人の読書のコツ 02

1冊を10分で読み、30分でアウトプットすることが大量に本を読み、成長できる秘訣

03

頭がいい人の読書は、アウトプットありき

読書はアウトプット
できてはじめて、完結する

アウトプットできないと読書じゃない

読書をしても、アウトプットできないと意味がない。

本書の冒頭でそのようにお伝えしました。

私はこれまで優に1万冊以上の本を読み（インプット）、7000冊以上の本を記事化する（アウトプット）作業を繰り返してきました。ここ数年は、1年に1000冊の本を読み、400本の記事を書いています。

その過程から得た結論は、

アウトプットのベースになるのは読解力であり、理解力

ということです。

速読して本をたくさん読んでも、内容を理解していなければ読んだとはいえません。逆に、どんなに長い時間をかけて丁寧に読んでも、単に文字を追っているだけで理解できていなければ、本を読んだことにはならないのです。

内容を理解できていなければ、アウトプットは難しいでしょう。アウトプットできない本は、読んだとはいえないのです。

理解できないとアウトプットできない

読書はアウトプットできるようになってはじめて、完結します。

アウトプットできるようになるためには、本の内容を理解することが必要です。

では、本の内容を理解するためにはどうしたらいいのか。

その前に、なぜ本を読んでも理解できないことがあるのでしょうか。

本を読んでも理解できない理由は、次の3つのことが考えられます。

1つめは、読書のスキルが確立されていないことです。読書には、スキルがあります。そのスキルのひとつが、最近流行っているメモ術です。メモのとり方ひとつで本を読むときの理解力と記憶力が大きく変わります。

2つめは、読む本が、自分の理解力を上回った場合です。自分の理解力以上の、リテラシーが必要とされる本に挑戦することは悪いことではありません。

しかし、自分の理解力より、はるかに高い本を読むことは、初心者のうちはおすすめしません。

英検4級の人が、英検3級の本を理解することは可能でしょうが、いきなり英検1級の本を理解しようとしても無理が生じるでしょう。早々と挫折して英語が嫌いになるかもしれません。

もちろん、高いレベルにチャレンジすることは否定しませんが、少しずつ階段を上っていったほうが楽しく読書に取り組むことができるでしょう。

私の場合は、読んだ本を記事やニュースとして紹介しています。ジャーナリズム記事などを書く場合は、ノートをとりながら読書をしていますが、ノートをとりながら読書をすると理解力が深まることがあります。

本から情報を吸い上げて活かしていくには相応の時間が必要です。本を読む人には即効性を求める人が多いですが、なかなか手応えを感じられなくても、焦らずに根気よく継続することが大切です。

なかには、読まなくていい本もある

3つめは、**本そのもののクオリティが低い場合**です。

あまたある本のなかには、残念ながら、ありきたりのエッセイを寄せ集めた本、テーマがはっきりせずに軸が定まっていない本が少なからず存在します。

こういう本は読んでも印象に残りません。印象に残りませんから、記憶に定着することもありません。記憶に定着しませんから、もちろん、アウトプットすることもできないでしょう。

あなたの大切な時間をムダにしないためにも、読書する前の段階で、どの本を読むか、選ぶ必要があります。

どの本を読むか選ぶ方法はいくつかありますが、書店さんに行って、実際に手に取ることをおすすめします。書店員さんに聞くのもいいでしょう。本当に本が好きで、そのジャンルに精通している書店員さんが見つかれば、あなたの強い味方になります。

なかには、識者よりも専門性が高い書店員さんがいる場合もあります。

書店さんの売り場には世相が反映されています。売り場を見てまわるだけでも有益なインプットになります。

インプット&アウトプットの繰り返しで圧倒的に成長できる

本をたくさん読むことで、インプット量は圧倒的に増えます。

それと同時に、意識的にアウトプットすることをおすすめします。

読んだ本をアウトプットできるようになることで、あなたは、飛躍的な自己成長を実感できるようになるはずです。

もちろん、本を読み、さまざまな情報をインプットするだけでも、楽しいですし、成長を実感することはできます。

しかし、インプットばかりで、アウトプットが増えていかないと、現実的な変化は起こりにくいかもしれません。

本を100冊読んだとしても、まったくアウトプットしなければ、現実の世界はなかなか変わっていかないでしょう。

アウトプットとは、「情報発信」であり、「行動」です。

最初にお伝えしたように、大前提は「読書を楽しむ」ことですが、それと同時に、あなたが少しでも「成長」するために、本を読んだあとは、アウトプットすることをおすすめします。

本書でこれからお伝えする方法で、ぜひインプット&アウトプットのサイクルをまわしていきましょう。

頭がいい人の読書のコツ
03

読書はアウトプットできないと意味がない。アウトプットするためには理解することが大切

04

頭がいい人の読書は忘れない

記憶に定着する読み方は、ココがポイント

共有することで頭に残る

読んだ内容を忘れないためには、人と共有することをおすすめします。

情報の共有は自分が理解していなければできません。**内容を充分に咀嚼して解釈に変換することで、はじめて活用することができます。**情報共有のメリットは大きく3つあると考えています。

1つめは、「コミュニケーションの伝達」です。情報は共有することで相手の反応が期待できます。

私は、本を読んだあとに読者に対して情報を共有するために記事にしてニュースサイトに投稿します。内容は事実に基づいて適切に伝えられなければいけません。読者は記事を読むことで反応をします。

肯定的なもの、否定的なもの、中立なもの。これらの反応を見ることで、私自身

（書き手自身）にとっても大きな学びになります。

2つめは、情報を共有することで「情報が整理しやすくなること」です。私はニュース記事にすることで多くの人に共有していますが、情報は媒体別、日時別に自動的にストックされていきます。ストックされた情報を構造化し、整理された状態をつくり出すことで情報管理力が格段にアップしていきます。

ビジネス書や実用書は、過去の事例に新たに解釈を加えて書き直されているものがほとんどです。

私は、類似の本がある場合、過去に整理した記事から必要な情報をピックアップします。ピックアップした情報をベースに読み進めますが、予想が大きく外れることはまずありません。

このように、情報を整理し余分な時間を削減することで、効率化につなげることができます。

3つめは、「操作性」です。いまの時代、情報を共有し管理することは、どこからでも簡単にアクセスすることができることを意味します。これは、読書のアウトプットに限らず、日常的な業務にも同じことがいえるはずです。

本は知の宝庫です。この情報を共有し多くの人が活用することで、新たな解釈や理解が生まれて情報は深みを増していきます。深みを増した情報に触れられれば、アウトプットした本人にとっても気づきになります。

読んだ本を共有できる、とっておきの場所とは？

本を読んで共有できる、おすすめの場所が**「読書会」**です。読書に興味がなかったという人が参加したことで読書好きになることも珍しくありません。

読書会には多くの種類があります。1つの本を参加者で読み合わせるものや、各々がお気に入りの作品を紹介するもの。有料、無料など参加者の属性も多岐にわたります。

読書会のメリットはなんでしょうか。自分の好きな作品を紹介したり、他の参加者の意見を聞くことは楽しいものです。私も読書会に参加したことがありますが、いろいろなエピソードを聞いていると楽しくなります。

人にはそれぞれ嗜好というものがあり、好きなジャンル、贔屓にしている作家がいるものです。読書会にはさまざまな人が参加しますから、自分が知らなかったジャンルや作家の本と出会える可能性があります。

実際、**世の中に埋もれている良著もあり、そのような本と出会えたときには嬉しさもひとしお**です。

参加者との出会いも有益です。知的好奇心が刺激されます。人によって異なる視点や意見を聞くことは楽しいのです。さらに、作品に出会ったときのエピソードや、購入した動機、その後の活かし方なども参考になるでしょう。

読書を1人で黙々と行っていると視野が狭まってしまう危険性があります。ですが、読書会では参加者同士で、作品を紹介し合うコミュニケーションが生まれます。継続的に読書会に参加して発信受信を繰り返すことで、コミュニケーション能力や会話力、情報発信力も高まってくるように思います。

読書会に参加するのが、効率的な理由

さて、本好きが集うのが「読書会」です。同じ目的の人が集まっていますから、あなたにとって役立つ情報しかありません。

私の知人が運営している、長崎の朝活・読書会「ながもげ会」というものがあります。「長崎をもっと元気にしたい。盛り上げたい」という主旨のもとに2012年から300回以上の読書会を開催している会になります。主催者は、香川裕さ

ん、香川明世さんご夫妻です。

ご夫妻は、長崎市内で読書会や朝活を開催。早朝からさまざまな世代、職業の人が交流する場を提供しています。私の本も何回も紹介してもらっています。「ながもげ会」のように、ちゃんと運営されている読書会は、調べればすぐにヒットします。毎回のサマリーもアップされているので、テーマや相性を判断することができます。

みなさまも、読書会に参加する際には事前に情報を調べてみてください。そして、参加したらどのような学びがあったか振り返るようにしてください。

頭がいい人の読書のコツ

04

読んだ内容を、人に話したり、共有することで、あなたの記憶に定着しやすくなる

05

頭がいい人は、読書がムリなく続く仕組みがある

本を読む時間がたっぷりあると人生は豊かになる

読書の時間をたっぷりに増やす方法

読書をしたい。でも、どうしても時間がとれない。

そんな人もいるでしょう。

そのような人に朗報です。

読書をする時間は、増やすことができます。

みなさまのなかには、「スマートフォンの利用時間は若年層のほうが長い」と思っている人は多いかもしれません。

しかし、市場調査会社大手のニールセンデジタルが実施した調査によると、18〜34歳と50歳以上のスマホ利用時間差はわずか9分に留まっていることが明らかになっています。

これは、スマートフォン視聴率データ「Nielsen Mobile NetView」をもとに、2018年5月の年代別のスマートフォン利用状況を発表したものです。

日本全国の調査協力モニター8000名（iOS、Android各4000名）のアクセスログ情報に基づき作成されています。

2018年5月、スマートフォンからインターネットを利用した人数は6752万人で、前年同月の6149万人から10％増加しました。

また、スマートフォンでネットを利用した総時間数は68億時間で、前年同月比の58億時間から18％増加しています。

スマートフォン利用者の伸び率を年代別で見たところ、49歳以下は1桁台の増加であるのに対し、50歳以上は27％増と大幅な伸びを見せており、スマホ利用者数の増加は50歳以上が牽引《けんいん》していることがわかります。

また、利用者の年代構成においても、50歳以上が37％と最も高いシェアとなっていました。

スマートフォンの1人1日あたりの利用時間は、年代別で見ると、18～34歳が最も多い3時間23分でしたが、50歳以上の3時間14分と比べてわずか9分の差しかありません。近年は若年層だけでなく、シニア層もスマホを日頃から活用していることがわかります。

みなさまはすでに、**読書をするほどの時間をスマホに費やしている**のです。

スマホの代わりに本を読めば時間はつくれるはずです。1日のなかで一定時間スマホに触れない時間を決めたり、目の見えない場所に置いておけば時間はつくれるのです。

いまから30年前、スマホはおろか、ケータイすら普及していない時代がありました。パソコンも普及していない時代、GAFA（Google、Amazon、Facebook、Apple）など誰も知りませんでした。それでも生活に不自由さは感じませんでした。

私たちは、これらのツールが普及するとともに、時間を割り当てるようになりました。これからは、読書の時間を割り当てればいいだけです。

ムリなく読書習慣をつける3つの方法

それでは、読書習慣をつけるためにはどうすればいいのか？

以下の3つがおすすめです。

①読書日記をつける

読書習慣をつけるには、アウトプットを継続させるしかありません。私のように、記事にして発信することは難易度が高いですが、読書日記ならつけられるはずです。

気になる本、これから読みたい本、読んだ感想、あらすじ。そのようなものを書くための「読書日記」があると、読書効率がアップすると思います。最初はメモ書き程度でもかまいません。他の人が見るわけではありませんから、しっかり書く必要もありません。自分の読書意欲を高めるワザとしておすすめします。

②まずは手軽な文庫本から

読書が苦手な人から聞いた話です。テレビやニュースで有名になっていたベストセラーを買ってはみたものの、数百ページもあり、ひるんでしまったというのです。

このような分厚い本を読むことは手軽ではありません。まずは読書のクセをつけたいので携帯しやすい本が理想です。できれば文庫本など小さいサイズのものがおすすめです。

そして、**読みはじめて苦痛に感じたらやめること**です。読書は苦行ではありませんので、そんな状況で続けていても読書が嫌いになってしまうだけです。そうなる前に、思い切って読むのをやめてしまいましょう。

③目に見える場所に本を置く

目に見えるところに本を置くことで、意識を刺激することも大切です。

頭がいい人の読書のコツ 05

本を読む時間がいっぱいあると、人生は楽しくなる

私は**枕元に常に数冊の本を置いています。**寝る前の儀式として読みたい本を読むようにしています。

私は小学校のときに、はじめてライトノベルを読みました。眉村卓さんの『ねじれた町』という文庫ですが、この本が大好きでいまでも枕元に置いています。

一条真也さんの『ハートフルに遊ぶ』『遊びの神話』もお気に入りです。発刊が1988年、1989年なのでバブル経済の真っ只中ですが、この2冊ほど、バブル経済を照射している本はないと思っています。

こうやって、本を読む習慣を視覚的にも訴えかけるようにすると、読書習慣は身につくはずです。

第2章

本は全部
読まなくても
かまわない

06

どんな本でも10分で読むことができる

本は全部読まなくても理解できる

1年に1000冊の本を読み、400本の記事を書く私の方法

1章でもお伝えしたように、私は、1年に1000冊の本を読み、400本の記事を投稿しています。

読んだ本の内容を記事としてアウトプットすると、多くの読者から反響を得ることができます。そして、反響があることでいろいろ学ぶことができます。

たとえば、アクセス数の多さから「こういうタイトルは引きがいいな」と気づいたり、「この文章の流れはわかりやすいんだな」ということがコメント欄を読むことでわかったりします。

本数が増えれば蓄積が増えていきます。蓄積が増えれば知識の引き出しがドンドン増えていきます。

もちろん最初は、私のように、1000冊の本を読み、400本の記事を書く、ということは難しいかもしれません。

1章でもお伝えしたように、読書は「楽しむ」ことが最も大切です。

その大前提を踏まえた上で、本を速く読み、速くアウトプットすることができるようになったら、もっと多くの本を読むことができ、楽しむ時間も増えます。

これから紹介する方法は、私がこれまで、1万冊の本をインプットし、7000冊の本をアウトプットしてきて、磨いてきた方法です。

この方法で、あなたも、本をたくさん読み、たくさんアウトプットすることが可能になることでしょう。

3分の1しか読まなくていい

私の読書術は、読書（インプット）と、出力（アウトプット）の2つで成り立っています。最初に読書（インプット）について解説します。

この方法は、**「3分の1リーディング」**と名付けています。

ポイントは、

ページの3分の1しか読まない

点です。

ほとんどの本は、ページの上部分の3分の1を読むだけでも、ある程度の内容を理解することができます。

私が本を読むときは、ページの上部分の3分の1程度を読んで、そのまま左に読み進めます。

試しに、この本の下半分のページを隠してみてください。

上半分を読むだけで、本の内容をある程度は理解できるはずです。

もし上半分を読んでも理解することが難しいようなら、隠す箇所を3分の1にしてみてください。先ほどに比べて、かなりの内容を理解できるはずです。

これは、**これまでに読んできた文章のパターンを脳が覚えていて、内容を補足している**のです。

頭のなかで、音読してはいけない

人間の視野は面白いもので、水平方向では、耳側に約90〜100度、鼻側に約60度、上下方向では、上側に約60度、下側に約70度あるといわれています。

両目がほぼ平面の顔面上にあり、左右の視野の重なりが大きいので両目で同時に見える範囲が約120度といわれています。3分の1しか読まなかったとしても、50%程度は視野に入ってくると考えることができます。

このときに、大切なポイントがあります。
それは、

音読をしないこと

です。

人は文章を読む際に、頭のなかで音声化してしまう癖があります。これは、小学校、中学校の国語の授業で、音読を推奨しているからでしょう。文章を頭のなかで音声化してしまうと、読むスピードは確実に落ちます。

人が聞き取りやすい文字数は1分間に300〜350文字といわれています。1分間に300〜350文字を読み上げるスピードは、テレビ局のアナウンサーの平均です。これが400文字以上だと早口だと思われます。

単行本の1ページの文字数は、1行40文字×15行＝600文字で設定されていることが多いです（本書は読みやすさを重視し、1行37文字×13行＝481文字です）。

これを1分間に300文字のスピードで読み上げると、600文字を音読したら約2分かかる勘定になります。3倍速にしても40秒です。それ以上の速さで読み上げたら、速すぎて聞き取ることはできないと思います。

「3分の1リーディング」であれば、1ページを数秒で読み終えます。精読する必要などなく、書かれていることの半分も理解できれば十分という考えです。

新聞でトレーニングする方法

読者のみなさまも読みながら感覚をつかむのがいいと思います。材料は新聞がいいでしょう。**新聞の1行は11文字〜13文字程度なので、サッと一目で読むには便利な教材**です。

新聞の種類はなんでもかまいません。ちょっとしたトレーニングのつもりではじめてみてください。

「3分の1リーディング」は、最近ブームになっている、「タイポグリセミア現象」に近いものです。私はこの方法で小学校2年生の頃から読書をしています。

のちほど、具体的なケースや練習方法を解説しますが、まずは、次項で、「タイポグリセミア現象」などの、関連する理論について解説したいと思います。

頭がいい人の読書のコツ

06

本は、3分の1読むだけで理解できる。1ページ数秒で読み終えることも可能

07

3分の1だけ読んで理解する技術

単語のブロックだけで本の内容は理解できる

「3分の1リーディング」はコレでできる

前項でお伝えしたように、本は、3分の1だけ読むことで、理解することができます。

もちろん、ビジネス書や実用書など、分野は限られますが、「タイポグリセミア現象（Typoglycemia）」を利用して、**本の上部分の3分の1を読むことで、6～7割程度の内容をつかむことが可能**なのです。

それでは、「タイポグリセミア現象」とは、どんなものなのでしょうか？

これは、文章中に含まれる単語の最初と最後の文字さえ正しければ、その文章を読むことが可能になるという現象のことです。

この現象については未だに科学的に解明されていません。現状では仮説として研究者が取り組んでいますが、「なぜ読めるのか」「なぜ理解できるのか」という点について、言語学では、私の調べたかぎり、まだ解明されていないのです。

また、「タイポグリセミア現象」は英国のケンブリッジ大学が研究をしているという話がありましたが、同大学はそのような研究をしたことはないと回答しています。

「タイポグリセミア現象（Typoglycemia）」とは学術的な名称ではなく、「誤植（Typo）」と「低血糖（Hypoglycemia）」を組み合わせた造語にすぎません。

１９７６年、ノッティンガム大学では「単語認識における、文字位置の重要性」という論文を発表しています。論文では「単語の文字を並び替えたとしても、その文章を理解できる人物が持つ読解力には、ほとんど影響を及ぼすことはない」としています。

１９９９年、カリフォルニア大学ロサンゼルス校にて、教授のデヴィッド・Ｒ・ペローと研究員のコロシュ・サベリによって「逆になった話し言葉の認知と修復」

(https://www.calstatela.edu/univ/ppa/newsrel/nature.htm）という論文が公開されました。

学術誌ネイチャー誌にも掲載され、人の言葉の処理能力の高さについて「あらゆる機械よりも優れている」ことを解説しています。

単語の文字の順序ではなく、大切なことは最初と最後の文字が正しい位置にあることで、他の文字が並び替えられていても読むことができるとしています。

これは、人が文章を読む際に、一文字一文字を読んでいるのではなく、単語全体を大きな集合体としてとらえていることを意味しています。

「タイポグリセミア現象」はいまだ不確実なものとして考えられていますが、いくつかの研究結果を確認すれば、一定の検証が行われていることが理解できます。

なぜ、3分の1だけで理解できるのか？

2018年3月、富山県内にある和菓子店「中尾清月堂」の広告のコピーが、よく見ると文字の順番が入れ替わっているのに、問題なく読めてしまうことから、

ＳＮＳ上で話題になりました。「これはお見事」「秀逸な広告で不思議議」などの反応が上がりました。次のような広告です。

中尾清月堂は富山県内に４店を展開し、どら焼き「清月」を改良したことに合わせて、２０１８年３月18日、「北日本新聞」の折り込み冊子に広告を出しました。広告は、「みまなさに だじいな おらしせ」という書き出しではじまります。

みまなさに だじいな おらしせ。
こたのび なかおせいげどつうが
ぜたっいに ばれない ように
どやらき の リニュアール を
おなこい ました。

※ちみなに この ぶんしょう の じんゅばんも ばなれい ように いかれえていま
す。

正しい文章は次の内容です。

みなさまに大事なお知らせ。
この度　中尾清月堂が
絶対にばれないように
どら焼きのリニューアルを
行いました。

※ちなみに　この文章の順番も　ばれないように入れ替えています。
この広告に取り入れられた要素も、「タイポグリセミア現象」です。人は単語を

一つの集合として視覚的に認識します。脳が単語を瞬時に予測して、補正して読むことができるのです。

文章のリズムを変えないことと、単語の最初と最後の文字は正しいものにすることで「タイポグリセミア現象」は発生します。ここが合っていれば、人間の脳は正しく変換してしまうのです。

本の2割を読めば、8割の重要な情報がわかる

突然ですが、みなさんは、パレートの法則をご存じですか?

パレートの法則とは、イタリアの経済学者ヴィルフレド・パレートが発見した経済学に関する法則です。顧客全体の2割が売上の8割を構成しているという法則のことです。2:8(ニッパチ)の法則などともいわれています。

現在では、その活用範囲は広く、マーケティング、購買、品質管理など、あらゆる企業活動や経済活動に適用できるとされています。

この理論がブームになったとき、いろいろなケースに応用してみました。

当時、ベンチャー企業の営業統括役員をしていたのですが、売上高の多い順に顧客を並べてみると、売上の大きい上位20％の顧客で全体の80％を構成していることがわかりました。

また、主力商品によって売上の80％が構成されていることもわかりました。過去の売上推移を調べると、顧客の継続率は毎年80％であること、5年後には80％の取引がなくなることがわかりました。

いたるところで、パレートの法則が当てはまることがわかったのです。

重要となる20％から全体の80％が生み出されているとしたら、そこに注力するのは当然のことです。そうしないと時間を有効活用することができません。

私は講演や研修の際に、書籍の販売をすることがあります。当然、売れ行きのいい本を持参したほうが、確実に本の売れ行きはアップします。

先日開催した講演では、売れ行きの悪い本を新刊を購入してくれた人におまけとして無償でプレゼントしたところ、売上自体が20％増加したこともあります。

これは読書も同じことです。

本を読むとき、**全体をまんべんなく読むよりも、重要な2割に時間を投入するべきなのです**。そうすることで、8割近くの重要なポイントを知ることができます。

「タイポグリセミア現象」を利用した、本書の「3分の1リーディング」も、重要な2割を見つけるための方法です。これは、速く目を動かしたり、すべての文字を写真のように頭に焼き付ける方法とは違い、簡単な方法です。

大事な2割を見つけるために、本の上部分の3分の1を読んで、内容を把握する。そして、重要な2割は、楽しんで読む。

このシンプルな方法を繰り返すだけで、あなたが読むことのできる本の量は確実に増えていきます。

読書に「パレートの法則」を使う場合は、割り切りが大切です。100%を目指すのではなく、80%でOKなんだと意識を変化させることです。それがうまくできれば、読書の効果はさらにアップします。

なかには本を全部読まずに、8割を切り捨てるなんてもったいない、という人がいるでしょう。この場合、読書を楽しむために、どうしても必要であれば、もちろん切り捨てる必要はありません。時間に余裕があれば、ゆっくりじっくり好きなだけ、時間をかけて読んでもいいのです。

頭がいい人の読書のコツ

07

本も大切なところは2割程度。残りの8割は捨ててもかまわない

08

3分の1リーディング 実践編

これができたら短時間で
本が大量に読める

10分で60%の内容が理解できる

80～81ページの文章は私の著書『波風を立てない仕事のルール』（きずな出版）の、「はじめに」を一部加工したものです。

まずは、80～81ページの文章を読んでみてください。

読書に慣れている方であれば、20秒程度で読めてしまうと思います。

いかがですか？

読み込むことはできましたか。

これは、私があるコンサルティング会社に在籍していた際のエピソードになります。県から予算をつけてもらったので、いい加減な報告はできません。私も使命感を感じながら、ピアノ組合の役に立とうとして奮闘しました。

これは私が、とあるコンサルタント会社に勤務していたときのことです。

当時は30代でしたが、この出来事を、私はいまでも思い出します。

当時、上司がある案件を受託し、私が担当者となって進めていたプロジェクトがありました。簡単に言えば、ピアノの販路開拓プロジェクトです。

そのときの日本のピアノ市場は、ヤマハとカワイ（河合楽器製作所）で９割のシェアを占めていました（おそらく今も状況は変わらないと思います）。

しかし、それ以外にも日本には多くのピアノメーカーがあり、独自の製品を作っています。そして実は、そうしたメーカーの７割がＳ県に集中していたのです。

そこで、Ｓ県は大手メーカーに対抗すべく、予算をかけて、自分たちの県内にあるピアノメーカーを集めた「ピアノ組合」の製品を世間に広めようとしたのです。

とはいえ、この販路開拓はそう簡単なことではありません。

想定された販売チャネルはホームセンター、通信販売、音楽大学等での実演販売、百貨店の４種類。主要なチャネル先の担当者と交渉をして、実現可能性などをレポートにまとめるのが私の仕事でした。結果が想定できましたので、上司からは「時間をかけないように」との指示が出ていました。

さて実際にそれぞれの担当者と話をしていくと、案の定、当初想定されたチャネルは全滅です。価格的な問題と、ピアノの大きさがクリアできませんでした。この時点で私は、上司からプロジェクト完了を指示されます。

しかし、この結果に釈然としない私は、数日頭を空っぽにして、なんとか別の販売チャネルの可能性がないものか検討していました。

その結果、私の頭に1つの可能性が浮かび上がります。それはショールーム販売です。

これなら実現できるかもしれないと考えました。

当時、大きなショールームを所有し、ピアノを置くことができて、価格的な問題をクリアできる場所は日本に1箇所しかありませんでした。数年前に経営権を巡る父娘の騒動で有名になったあの家具メーカーです。

早速電話をしてみたところ、現社長（当時は経営企画室長）とコンタクトが取れ、幸運にもすぐに社長（父親）と面会することができました。

想定していた販路はすべてNGだったのですが、1本の電話がチャンスにつながりました。この会社は、いまもニュースになることが多い大手家具メーカーです。当時は非上場で、ショールームの規模もいまほどではありません。ですが、電話をしたところ、幸運なことに、経営企画室長（現社長）につながりました。

では、84〜85ページの文章を読んでください。

先ほどの文章の半分しか判読できないように加工してあります。

みなさまは読むことができますか？

ページの上部3分の1だけを読んでも、視界には50％程度が入るはずです。

では、84〜85ページの文章を読み終わったあとに、次の問題に答えてみてください。

①この案件を受託してきたのは？

・社長
・専務
・上記のどれでもない

②社長の年齢は?
・50代
・60代
・上記のどれでもない

③結果的にプロジェクトはどうなりましたか?
・成功して賞賛を浴びる
・新聞や雑誌から取材が殺到した
・上記のどれでもない

これは私が、とあるコンサルタント[redacted]

当時は30代でしたが、この出来事を、[redacted]

当時、上司がある案件を受託し、私[redacted]トがありました。簡単に言えば、ピア[redacted]

そのときの日本のピアノ市場は、ヤ[redacted]シェアを占めていました（おそらく今も[redacted]しかし、それ以外にも日本には多く[redacted]作っています。そして実は、そうした[redacted]です。

そこで、S県は大手メーカーに対抗[redacted]にあるピアノメーカーを集めた「ピア[redacted]のです。

とはいえ、この販路開拓はそう簡単[redacted]

想定された販売チャネルはホームセ[redacted]販売、百貨店の4種類。主要なチャネ[redacted]

などをレポートにまとめるのが私の仕[illegible]
上司からは「時間をかけないように」[illegible]

さて実際にそれぞれの担当者と話[illegible]
チャネルは全滅です。価格的な問題と[illegible]
した。この時点で私は、上司からプ[illegible]

しかし、この結果に釈然としない私[illegible]
の販売チャネルの可能性がないものか[illegible]

その結果、私の頭に1つの可能性が[illegible]
販売です。

これなら実現できるかもしれないと[illegible]

当時、大きなショールームを所有し、[illegible]
問題をクリアできる場所は日本に1箇[illegible]
権を巡る父娘の騒動で有名になったあ[illegible]

早速電話をしてみたところ、現社長[illegible]
れ、幸運にもすぐに社長（父親）と面[illegible]

④プロジェクト終了後、私は？
・役員に就任した
・外部からヘッドハンティングされた
・上記のどれでもない

⑤当時の私の役職は？
・マネジャー
・部長
・上記のどれでもない

いかがですか？　まだ読むことができますよね。
答えは、すべて「上記のどれでもない」になります。

では次に、88〜89ページを開いて、文章を読んでみてください。文章の3分の1しか判読できません。みなさまは読むことができますか？

本来なら、ページの上部3分の1を読んでも視界には50％程度が入りますが、これは、実際に3分の1しか判読できなくなっています。

読み終わりましたか？　それでは、文章をどの程度理解したか検証をしてみましょう。次の質問に答えてください。

①私が在籍している会社の業種は？

・サービス、コンサルティングなど

・製造業、機械プラントなど

・金融、銀行、証券など

これは私が、とあるコ[illegible]

当時は30代でしたが、[illegible]

当時、上司がある案件[illegible]トがありました。簡単に[illegible]

そのときの日本のピア[illegible]シェアを占めていました[illegible]

しかし、それ以外に[illegible]作っています。そして実[illegible]です。

そこで、S県は大手メ[illegible]にあるピアノメーカーを[illegible]のです。

とはいえ、この販路開[illegible]

想定された販売チャネ[illegible]販売、百貨店の4種類。[illegible]

などをレポートにまと[illegible]上司からは「時間をか[illegible]

さて実際にそれぞれ[illegible]チャネルは全滅です。[illegible]した。この時点で私は、[illegible]

しかし、この結果に[illegible]の販売チャネルの可能[illegible]

その結果、私の頭に[illegible]販売です。

これなら実現できる[illegible]

当時、大きなショー[illegible]問題をクリアできる場[illegible]権を巡る父娘の騒動で[illegible]

早速電話をしてみた[illegible]れ、幸運にもすぐに社[illegible]

②私の年齢は？

・30代

・40代

・50代

③ページの主題はなんですか？

・ピアノに関する話

・ギターに関する話

・トランペットに関する話

④どんな話ですか？

・③の業態における販路開拓プロジェクト

・③の業態におけるコスト削減プロジェクト

・③の業態における売上倍増プロジェクト

⑤プロジェクトが進むなかで可能性を見出すことができました。それはなんですか?

・ショールーム販売
・行政とのタイアップ
・海外輸出による事業拡大

いかがですか? 読み込むことはできましたか?

答えはすべて一番右の項目になります。

ビジネス書や実用書は、比較的内容が想像できることはお話ししました。ですが、この設問のストーリーは、私が経験したものなので、唯一無二のものです。それでも、内容を把握することは難しくないはずです。

次に、94～95ページの文章をご覧ください。ここでは上半分50％を読むことができません。つまり下半分の50％のみしか判読できません。読めるかどうか、チャレンジしてみてください。

いかがですか？　なんとなく読むことができても、理解度は落ちるはずです。

その理由を解説します。日本語の場合、文節の働きを考えなくてはいけません。

文節は、文中において、主語、述語、修飾語、接続語、独立語などの働きをします。次のような関係を覚えてもらえればわかりやすいと思います。

人が（主語）＋歩く（述語）

人が＋ゆっくり（修飾語）＋歩く

人がゆっくり歩く＋さらに（接続語）

「まあ、はい」などは、独立語。

主語は「何が（誰が）」に当たる文節のことです。述語は「どうする（どんなだ）」に当たる文節です。つまり、主語と述語の関係は、文章の骨格になります。日本語の場合、主語と述語はあまり離すことなく記述するのがルールです。主語があって、それを引っ張って、述語がなかなか出てこなかったら読者はストレスを感じてしまうでしょう。主語と述語が遠いほどわかりにくい文章になります。

次の文章を読んでください。

> **私は**、全国各地にあるご当地ラーメンが、毎年減少傾向にありラーメン文化が危機的な状況にもかかわらず、新規出店することは時代に逆行しているため、**リスクだと指摘する。**

主語と述語の距離が遠いために発生するよくある現象です。編集者が介在すれば、このような読みにくい表記は通常されません。

[illegible]社に勤務していたときのことです。
[illegible]私はいまでも思い出します。
[illegible]担当者となって進めていたプロジェク
[illegible]の販路開拓プロジェクトです。
[illegible]ヤマハとカワイ（河合楽器製作所）で9割の
[illegible]況は変わらないと思います）。
[illegible]のピアノメーカーがあり、独自の製品を
[illegible]ーカーの7割がS県に集中していたの
[illegible]
[illegible]べく、予算をかけて、自分たちの県内
[illegible]「ピアノ組合」の製品を世間に広めようとした
[illegible]
[illegible]ことではありません。
[illegible]ター、通信販売、音楽大学等での実演
[illegible]先の担当者と交渉をして、実現可能性

[redacted]した。結果が想定できましたので、[redacted]」との指示が出ていました。

[redacted]をしていくと、案の定、当初想定された[redacted]、ピアノの大きさがクリアできませんで[redacted]ジェクト完了を指示されます。

[redacted]、数日頭を空っぽにして、なんとか別[redacted]討していました。

[redacted]かび上がります。それはショールーム[redacted]

[redacted]考えました。

[redacted]、ピアノを置くことができて、価格的な[redacted]しかありませんでした。数年前に経営[redacted]家具メーカーです。

[redacted]（当時は経営企画室長）とコンタクトが取[redacted]することができました。

そのため、文頭に出現する、主語と述語を確認できれば、「何かのリスクを指摘する文章」だと、おおよその文意が理解できるはずです。

私は（主語）＋リスクだと指摘する（述語）

書き方にも影響があらわれます。小説のように、だらだら書く文章もありますが、一般的なビジネス書や一般書は結論ファーストの書き方をします。最初を読んでしまえば結論がつかめてしまいます。

上半分は、主語＋述語といった、文章の骨格が含まれています。そのため、上半分を読むことができれば、おおよそが理解できるわけです。

今回は著作権の問題があることから、私の著書の事例を使いましたが、ほかの本でもその比率はそんなに変わりません。

本は、縦書きであれば上半分（実際に見るのは3分の1）、横書きであれば、左半分（実際に見るのは3分の1）で理解することができます。

精読ではありませんから、理解度は落ちるかもしれませんが、理解度は個人の素養（技能や知識）による影響が大きいと考えています。

事実、私はこの読み方で、小学校2年生から本を読み続けています。

いまでは、毎日記事を掲載して影響力のあるコラムニストとして紹介される機会も増えました。多い日には10冊程度の献本が届くようになりました。いま、原稿を書いているパソコンのまわりには200冊の本が積み上がっています。

ビジネス書以外でも実践できる

「3分の1リーディング」をはじめ、一般的に読書術といわれているものは、ビジネス書、実用書以外には適用しにくいといわれています。はたしてどうでしょうか。
今回は、私がコンサルティングの現場で使用している「インバスケット」を使用します。「インバスケット」とは、企業向け研修に使われる演習のことです。
100～101ページの文章を読んでください。

いかがですか？　読み込むことはできましたか？

それでは、次に102～103ページの文章を読んでください。いまの文章の半分しか判読できないように加工しています。
みなさまは読むことができますか？　ページの上部3分の1を読んでも視界には50％程度が入ります。

いかがですか？　ケースは少々難しくしていますが、読むことはできますよね。

それでは、文章をどの程度理解したか、検証をしてみましょう。次の質問に答えてください。

①会社の売上高は？
・1兆2000億円
・9800万円
・上記のどれでもない

②会社の社員数は？
・4万人
・3万人
・上記のどれでもない

参加者への指示

このケースでは、あなたに株式会社ツバメ化粧品のマーケティング部、商品開発部第1課のマネジャーとして、「新商品開発プロジェクトリーダー」を担当していただきます。

ツバメ化粧品は現在業界5位の売り上げ規模を誇る老舗の化粧品会社で、近年では消費者のニーズに合致したブランドを最適なチャネルに配置する独自のブランドマーケティングを展開しています。

1920年に創業し、敗戦後占領軍の財閥解体の指令により正式に解体された、ツバメ・コンツェルンから独立するかたちで1945年に設立されました。

外資系化粧品会社L社との技術提携などを通じ成長を続け、1950年に東京証券取引所第一部に株式上場を果たしています。

あなたは地方国立大学工学部を卒業して、新卒でツバメ化粧品に入社しました。この春で入社10年目を迎えました。社内経歴は、本社購買部にて担当社員を3年、購買主任を3年、本社マーケティング部主任を4年務めました。

そして、このたび、あなたの功績が認められ、マーケティング部における商品開発部、第1課の新任課長に着任しました。

現在はXX年10月、第3四半期も終わりを迎えようとしている時期です。あなたはマーケティング統括本部の田中本部長から呼び出され、以下のような指示を受けました。

「ツバメ化粧品は東証一部に上場して以来、売上高は一昨年まで成長し続けていた。国内化粧品市場がここ数十年横ばいであることを考えると、当社独自のブランドマーケティングが成功し続けていたといえるだろう。

しかし、前年度に売上を落とし、経常利益は上場以降初めてマイナスに転じた。化粧品業界上位5社で経常利益マイナスはツバメ化粧品だけだ。いまは試練の時で会社としても、明確な打ち手が見えない状況にある。取締役会でも今後の経営を左右する新商品への期待が大きく高まっている。

そこで、君に白羽の矢が立ったというわけだ。君にその新商品開発プロジェクトのリーダーとして、全社的な視点に立ち、顧客のニーズを十分に検討して、新商品ブランドのコンセプトと販売戦略を立案してほしい。

特に、以下のような点に留意してほしい」

①ターゲット層の明確化
②商品価値の明確化
③販売チャネルの明確化

あなたはこの特命を快諾し、プロジェクトリーダーの役割を引き受けました。あなたはそれに先立って指示された、明日の田中本部長への報告に向けてまさに取り掛かろうとしています。

参加者への指示

このケースでは、あなたに株式会社ツバメ[redacted]課のマネジャーとして、「新商品開発プロジェ[redacted]

ツバメ化粧品は現在業界5位の売り上げ規[redacted]者のニーズに合致したブランドを最適なチャ[redacted]グを展開しています。

1920年に創業し、敗戦後占領軍の財閥[redacted]コンツェルンから独立するかたちで1945[redacted]

外資系化粧品会社L社との技術提携などを[redacted]所第一部に株式上場を果たしています。

あなたは地方国立大学工学部を卒業して、[redacted]で入社10年目を迎えました。社内経歴は、本[redacted]年、本社マーケティング部主任を4年務めま[redacted]

そして、このたび、あなたの功績が認めら[redacted]第1課の新任課長に着任しました。

現在はXX年10月、第3四半期も終わりを[redacted]ケティング統括本部の田中本部長から呼び出[redacted]

「ツバメ化粧品は東証一部に上場して以来、[illegible]化粧品市場がここ数十年横ばいであることを[illegible]グが成功し続けていたといえるだろう。

しかし、前年度に売上を落とし、経常利益[illegible]業界上位5社で経常利益マイナスはツバメ化[illegible]明確な打ち手が見えない状況にある。取締役[illegible]が大きく高まっている。

そこで、君に白羽の矢が立ったというわけだ[illegible]ダーとして、全社的な視点に立ち、顧客のニ[illegible]ンセプトと販売戦略を立案してほしい。

特に、以下のような点に留意してほしい」

①ターゲット層の明確化
②商品価値の明確化
③販売チャネルの明確化

あなたはこの特命を快諾し、プロジェクト[illegible]それに先立って指示された、明日の田中本部[illegible]ています。

③会社の住所は？

・東京都港区北青山

・東京都品川区大崎

・上記のどれでもない

④社長の名前は？

・田中伊三郎

・矢口忠志

・上記のどれでもない

⑤現在のブランドヴィジョンは？

・彩りから人生を変える

・アナタに素敵コスメ

・上記のどれでもない

正解はすべて「上記のどれでもない」です。文章を読み込むことはできましたか？

それなりに読むことができた人が多いと思います。

このケースでは、ビジネス書、実用書以外ではどうなのか確認するコーナーでしたが、みなさまは読むことができましたか。

練習すれば、誰でも速く読んで、速くアウトプットできる

このように、「3分の1リーディング」で、本の重要な2割を見つけることができます。

重要な2割を読み込むことで、本の内容を8割近く理解することができるようになります。結果として、速く読んで、速くアウトプットすることができます。

これは難しいことではありません。

個人差はもちろんあると思いますが、慣れれば誰でも、10分でできるようになるはずです。10分で読めるなら、読むことをストレスに感じることはありません。

読書とは、決して難しいテクニックではなく、誰もが気軽に楽しくできるものでなくてはいけないと思います。そのためにも、私が実践しているこの読み方を試してみてください。

最初は80%、100%理解しようと考えないことです。

「10分で内容の60%が理解できたほうが楽しいよね」

そんな感覚で取り組むようにしてください。

頭がいい人の読書のコツ

08

本は10分で読むことができる。
まずは、10分で60％理解することをゴールにする

09

10分で読んでも理解力が増す4つのテクニック

少し工夫するだけで、記憶への定着率が大きく変わる

目次を読み、全体像を把握する

本には目次があります。最初に全体像を把握するために、目次を読むことをおすすめします。もし、**目次を読まないという人がいたら、それは大変リスキー**です。目次は地図の役割があるからです。

はじめて日本に来た友人がいたとします。友人は東京、名古屋、大阪、福岡、鹿児島で観光をしたいといいます。地図がわかっていれば、東京→名古屋→大阪→福岡→鹿児島のルートでまわるはずです。ところが、地図がわからなければ、正しいルートを理解することはできないでしょう。

目次を読むことで、本の全体像と文章の関係性が理解できるようになります。この章は何について書かれていてどのような論理展開をしているのかわからなければ理解度に大きな差が生じてしまいます。

私は最初に**章と小見出しの流れ**を観察します。とくに、第1章にはキラーコンテンツが置かれていることが多いので注視します。第1章に書かれていることが予想をはるかに上回る内容であれば、第2章も続けて読みます。

逆に第1章の内容が乏しければ、その本を続けて読んでも期待を上回ることは99%ありえません。読書前の目次読みは、その**本を読む前の準備体操として大切な作業**なのです。

目次読みは**数秒から1分くらいで終わりますが、あなたの読書を何倍も効率的にする**ことに気がつくはずです。目次読みは必要であると断言しておきます。

わからない表現や言葉はドンドン飛ばす

これまで多くの人が、「本は最初から最後まで読まないといけない！」という間違った呪縛にしばられていました。学校でも精読することを推奨しますから仕方のないことかもしれません。

そのようなときには、何を目的にこの本を読むのか？　という原点に立ち返って

郵 便 は が き

（切手をお貼り下さい）

170-0013

（受取人）

東京都豊島区東池袋3-9-7
東池袋織本ビル4F
㈱すばる舎 行

この度は、本書をお買い上げいただきまして誠にありがとうございました。お手数ですが、今後の出版の参考のために各項目にご記入のうえ、弊社までご返送ください。

お名前	男・女	才
ご住所		
ご職業	E-mail	

今後、新刊に関する情報、新企画へのアンケート、セミナー等のご案内を郵送またはＥメールでお送りさせていただいてもよろしいでしょうか？

□はい　□いいえ

ご返送いただいた方の中から抽選で毎月３名様に
3,000円分の図書カードをプレゼントさせていただきます。

当選の発表はプレゼントの発送をもって代えさせていただきます。
※ご記入いただいた個人情報はプレゼントの発送以外に利用することはありません。
※本書へのご意見・ご感想に関しては、匿名にて広告等の文面に掲載させていただくことがございます。

◎タイトル：

◎書店名（ネット書店名）：

◎本書へのご意見・ご感想をお聞かせください。

ご協力ありがとうございました。

ください。そうすれば答えが見つかるはずです。

私が、本文以外で注目しているポイントについてお話しします。

私は図に注目しています。一般的な意味と異なる業界用語などが使われていることがあるからです。または、言葉の指す意味を誤解しないように注釈しているものが多いです。

カッコ書きの補足も注目します。専門用語や言葉の意味、略語の正式名称などが対応されているからです。

一方で、脚注で説明している用語などは飛ばします。説明が長くなる場合、脚注で説明していることが多いですが、読まなくても全体の意味はつかめるからです。

本にマーカーや書き込みして、汚く読む

「大切な本は、キレイに読みたい」「カバーも外したくないしページも折りたくない！」という人がいます。

私は本をキレイに読むことをまったく推奨しません。

読んでいて気づきがあったら、ページにドンドン書き込んでいってください。

書き込む方法ですが、キレイに要点を整理して書き込んではダメです。**「漢字は一切使わない」「殴り書きにする」**ことを徹底してください。

色は赤と黒の2色で十分です。あらかじめ、黒は気になる箇所、赤は重要箇所と使い分けるのもいいですが、私のやり方は少々異なります。

1回めの読書は黒、2回めの読書は赤にしています。色を変える手間が省けますので、スムーズに読書ができます。1回め、2回めの文字を比較すれば、自分の意識の遷移が確認できます。

漢字は使わずに殴り書きにすることが、なぜ必要かというと、漢字を考えている時間が無駄だからです。さらに、漢字にコンプレックスを持っている人が多いこともあります。

会社の会議でホワイトボードにメモする人を思い出してください。漢字が苦手な人は、難しい漢字を言われても、とっさに書くことができません。こんなときも、メモ係はひらがなかカタカナで書くとスムーズです。

丁寧でキレイな字ではなく、殴り書きでとにかくスピーディーに書くことで効率がアップします。

なかには、ＰＣを立ち上げてメモをしながら読むという人もいると思いますが、まったくおすすめできません。たとえば、ページに線を引く場合、ＰＣのノートやＷｏｒｄではその作業が瞬時にできません。

線を引くときには、自分の知性（知ったり、考えたり、判断したりする能力）が必要だと思うからこそ、その箇所に線を引こうとしているわけです。その知性の感覚を妨げてはいけません。

ペンで書き込んでグシャグシャになった本は、あなたにとって学びのバイブルです。

著者の立場になりきって読む

読書の際に大切なことは、著者の立場に立って読むことです。

つまり**「妄想」**です。妄想で解釈に深みを持たせることができます。

人はそもそも、妄想をする生き物です。美術館に行って作品を鑑賞しながら妄想したことはありませんか。映画のパンフレットを見て妄想したことはありませんか。いま、この本を手に取られているということは表紙を見て何かを「妄想」したからですよね？

あなたの目の前に茶碗があったとします。この茶碗を、アメリカ、フランス、中国、エジプトなど、各国の人が見たら茶碗をどう感じるでしょうか。フランスの人なら、カフェオレを入れる容器に見えるかもしれません。なかには、植木鉢と思う人がいるかもしれません。

相手の立場に立って考えること、つまり、「著者の立場になりきって読む」ことはこれと同じようなことです。

本も同じです。小説にしても読み方や解釈は読者の自由です。著者の狙いがすべての読者に伝わるわけではありません。

本の読み方に「正解」はありません。それでも、著者に寄り添い感じながら読むことで自分なりの解釈が生まれてくるはずです。解釈はたくさん本を読んだほうが引き出しが増えることになります。

頭がいい人の読書のコツ
09

いろんな角度から、本を楽しんで読めば、速く、深く、読むことができる

10

本を読む前に目的を明確にする

目的がない読書は、ゴールがないドライブと一緒である

目的一つで、スピードも吸収力も一気に加速する

読書をするとき、ただ漫然と読みはじめている人はいませんか。

もちろん、楽しむときの読書はそれでもいいのですが、限られた時間で本を読まなくてはいけないとき、読書の目的を決めることで、読書のスピードや吸収力が一気に加速します。

私の場合は、「インプット&アウトプット」が目的のことがほとんどです。

私はビジネス書の書籍記事を書くことが多いので、ビジネス書（実用書）を読む比率が8割です。ビジネス書は、いま抱えている課題に対しての解決策を提示するものです。

ですから、自分の抱えている課題がより明確であることが、理想的な一冊を見つけるヒントになるはずです。理想的な一冊とはハウツー本のはずです。考えを深めるものではなく、表面的にわかりやすい情報が役立つからです。

まずは、「アウトプット」を目的にすると効率的

本を読んで「いい本だった」「ためになった」という感想を耳にすることがあります。

ですが、実際に読んで行動変容を促さなければ効果的とはいえません。自分の行動に変化を起こさないと、せっかく時間をかけて読んだ本も報われません。

私は、本を汚く読んでペンで書き込むことを推奨していると説明しました。ところが、せっかくマーカーを引いて読んでもそれで終わってしまえば何も残りません。1冊読み終えると読了感に満たされて放っておく人はいませんか？

私がおすすめしたいのは1冊読み終わったあとの、マーカー（ペン）読みです。**読みながらチェックした箇所に目を通すだけで定着率が変わる**と思います。

マーカー読みは線を引いた箇所をチェックするだけです。たったそれだけの作業

で、読んで学んだことが整理されてあなたのなかに定着化します。外部の情報を吸収しただけでなく自身の思考を通っているので、より記憶に残りやすいのです。

あなたがスピードを重要視するなら、アウトプットを中心に考えるようにしてください。

頭がいい人の読書のコツ

10

目的が決まれば、本を読むスピードはいくらでも上がる

11

すべての本を読まなくてもかまわない

頭がいい人は、本を選ぶのがうまい

本は何を読むかより、何を読まないかが９割

世の中にはたくさんの本があります。

みなさんの限られた人生で、すべての本を読むことは、残念ながら難しいでしょう。

本は、何を読むかより、何を読まないかを決めることが大事なのです。

私の場合、ベストセラーや流行本の類は好んで読まないようにしています。流行の本を読んでいるとみんなと同じ発想しかできなくなるからです。人の思考は読むものからできていると考えています。

私は、小学校時代にライトノベルズにはまり、その後は手当たり次第に乱読したことがあります。内容が理解できない本もありましたが、新しい知識に触れることができて満足でした。

その影響でしょうか、小中高、国語（現代国語）の成績が群を抜くようになって

いました。本を読むと読解力がアップすることは間違いないと思います。

もちろん、ベストセラーや流行本は時代をつかむうえで役立つこともありますし、ベストセラーが好きな方は楽しみとして読んでもいいでしょう。

ただ、成長という観点からは、なるべく他の人が読まないような本を読むことをおすすめします。

本を選ぶときの3つのポイント

先ほどお伝えしたように、ベストセラーや流行本より、他の人が読まないような本を読む、というのが本を選ぶときのポイントの1つです。それ以外に2つ大切なポイントがあります。

1つは、「自分が本を読んで何を得たいのか?」を明確化して本を選ぶことです。自分自身で目的があると、選ぶ本が変わってきます。可能であれば、その目的をより明確化することです。

「成功法則について知りたい」のであれば、デール・カーネギーやナポレオン・ヒルを読むといいでしょう。「転職の方法を知りたい」のであれば、転職支援してしてる人の著書は役立つはずです。

もう1つは、**原書を読む**ことです。

原書には、長い間読み続けられている本質的な情報が多いからです。成功哲学であれば、ナポレオン・ヒルの『思考は現実化する』（田中孝顕訳、きこ書房）はいまだにバイブルとして考えられています。原書を読むことで、効率よく知識を吸収することができます。

頭がいい人の読書のコツ

11

すべての本を読む必要はない。読む前に選別することが大切

12

頭がいい人は、限られた時間で多くの本を読む

スキマ時間で大量の読書を可能にする技術

本を大量にサクサク読める時間管理術

本の目的は情報の伝達です。

いまの自分とかけ離れた領域だと意欲が湧かないものです。意欲が湧くのは読者にとって「役立つ」ことが実感できた本だと思います。「自分の課題をこれだけ解決してくれる」ことの期待感が高い本は意欲が湧くものです。

では、読み方はどうか。ビジネス書や実用書は多くの場合には、自分が知っていることと新たな情報との違いをチェックするだけで読み飛ばしていいと思います。まずはサッと読んでしまうのです。

読むときには文字を読んではいけません。音読をするとスピードが落ちてしまうからです。文は読まず、見たり眺めるだけでも十分に意味を理解できるものです。

読まずに見て理解することを覚えると、さらにサクサク読めるようになります。

また、「タイポグリセミア現象」（69ページ参照）で明らかなように、文字の順序を入れ替えても意味を理解することができます。すべての文字を読む必要はないのです。また、つまらないと思ったらそれ以上読んではいけません。読書が苦行になってしまいます。**つまらない箇所は「自分にはご縁がなかった」と考えて捨ててしまいましょう。**

読書は読むことだけでなく、捨てることも考えたほうがいいです。捨てる情報を吸収してもなんのメリットもありませんから。

一覧性、習熟度、スピード、やっぱり紙が最強

電子書籍元年といわれる2010年当初、数年後には電子書籍と紙の本の市場シェアは逆転するといわれていました。ところが、市場シェア逆転はおろか、電子書籍の利用率が2割弱で頭打ちというのが現状です。

電子書籍が伸びない理由はいくつかあります。電子書籍は、専用タブレットに落

として持ち運ぶことができますが、普段から読むことが多い書籍は、紙の本を購入しています。

やはり紙の本のほうが読みやすいのです。たくさんの書籍を落とせる電子書籍は素晴らしいと思いますが、複数の本を同時に読むことはできません。

私は目的がなくても書店に立ち寄ることがあります。いま流行っている書籍、タイトル、ジャンルなどを調べることでトレンドを把握することができます。また、入る前には購入意志がなくても、お店を出るときには大量の書籍を購入していることも少なくありません。**書店は情報収集の場**なのです。

これから、紙の本はどこに向かうのでしょうか。電子書籍が高度機能化してもその波をくぐり抜けると私は予想しています。電子書籍で読者の想像力や興味をかき立てることは困難だからです。

わかりやすく説明するなら、紙の本で感動することはあっても、電子書籍で感動したり、感動を与えることは難しいと考えています。

1日1時間の読書タイムで、仕事も人間関係も豊かになる

毎日読書をすることのメリットを考えてみましょう。

まず、読書によって自分と異なった人の生き方や考え方を知ることで大きな学びがあります。

たとえば、波頭亮さんの『戦略策定概論』（産能大出版部）を読めば、マッキンゼーのコンサルタントでなければ知りえない専門的な分析手法を1冊で知ることができます。

塩野七生さんの『ローマ人の物語』（新潮社）を読めば、何十年もかけて蓄積したイタリアでの経験のなかで研究したことを、1冊の本で知ることができます。このような追体験ができるのは読書以外にはありません。

また、多くの文献を読むと、読書をすることで仕事の能力のアップにつながることが書かれています。集中力が長くなり、理解力が高まるなどがあげられます。

イギリスのサセックス大学の研究チームが、どのような活動がストレスの軽減に役立つのかについて調べる実験を行いました。心拍数の低下や筋肉の緊張緩和の程度を調べ、ストレスの軽減度合いを計測したものです。

その結果、音楽鑑賞が61%、コーヒーを飲むことが54%、散歩をすることが42%、ゲームが21%の軽減効果を見せたなか、読書は68%と最も高い数値をあらわしました。さらに、6分間の読書でストレスが3分の2以上軽減することも明らかになりました。

読書からは、人間関係のスキル（知識、行動、対処法）を習得することもできます。

社会のルールを理解したいなら下手な講義を受講するより、関連する本を読んだほうがはるかに役立つでしょう。

読書は、人の心を落ち着かせる効果があるため、毎日の読書によって、温和な生活が送れるようになるはずです。読書のデメリットなど考えられません。

読書をすることで、あなたの仕事や教養はもちろんのこと、人間関係や普段の生活、大げさにいうと、人生まで豊かになるのです。

頭がいい人の読書のコツ

12

本を読む時間を1日1時間確保するだけで、人生は驚くほど好転する

第3章

頭がいい人は、読んだら忘れない仕組みをつくっている

13

頭がいい人は、忘れない読み方をする

記憶に定着しやすい読み方を身につける

なぜ人は本の内容を忘れていくのか？

私たちは何かを学んでも、時間の経過とともに忘れてしまいます。なんで忘れてしまうのか嘆いても仕方ありません。脳はそのような構造になっているからです。

脳の構造を理解することで、**学びの質をアップ**することができます。

エビングハウスの忘却曲線をご存じでしょうか。ドイツの心理学者、ヘルマン・エビングハウスの発表した「エビングハウスの忘却曲線」のことです。

この研究では、無意味な音節を記憶したうえで、時間と共にどれだけ忘れるかを数値化しました。その結果は次のとおりです。

人が何かを学んだときに

20分後には42％忘れる
1時間後には56％忘れる
9時間後には64％忘れる
1日後には67％忘れる
2日後には72％忘れる
6日後には75％忘れる
31日後には79％忘れる

というものです。

ただし、この研究結果には注意点があります。それは、無意味な音節を覚えたときの研究結果だということです。これが意味のあるデータだったらどうなったでしょうか。

たとえば、銀行の暗証番号や自宅の電話番号はなかなか忘れないものです。

意味のない4桁の暗証番号は忘れてしまいますが、意味のある暗証番号はなかなか忘れません。意味のない10桁の電話番号はすぐに忘れてしまいますが、自宅の電話番号はなかなか忘れません。

円周率も、意味のない人にとっては、「3・14」で十分ですが、暗唱世界記録は、インド人のスレシュ・クマール・シャルマの70030桁です（ギネス世界記録公認）。

ほかにも、年号を覚えるための語呂合わせがあります。聖徳太子ご苦労さん（593年。聖徳太子が摂政になった年）、いい国つくろう鎌倉幕府（1192年。源頼朝が征夷大将軍になった年）、ほかにもたくさんあると思います。これなら、年号を10個覚えて20分後には42％忘れ、1時間後に56％忘れるとはなりません。

読んだ内容を、記憶に定着させる習慣

エビングハウスの研究結果からは何がわかるのでしょうか。ポイントは5つあり

ます。

①何かを学ぶとき、それが意味のあるものなら暗記は容易であること

②逆に意味のないものであれば、すぐ忘れること

③時間をかけることで、蓄積される情報量も増えてくること

④さらに復習を重ねるごとに、忘れにくくなり定着すること

⑤一気に覚えるのではなく、細かく分けることで効果がアップすること

ほかの研究結果を紹介します。カナダのウォータールー大学の研究結果では、何も知らないところから学習し知識を得た場合、記憶は１００％のところに上がります。

このまま学習をしないと、「エビングハウスの忘却曲線」のとおり、時間の経過とともに記憶は失われていきます。

しかし、24時間以内に10分間の復習をすると、記憶率は１００％に戻ります。さらに、１週間以内に5分の復習で記憶がよみがえり、１カ月以内に復習すれば、２

〜4分で記憶がよみがえります。

適切なタイミングで学習を行えば、10数分の復習で学んだことが定着するのです。学生であれば、その日の復習、1週間以内の復習、1カ月以内の復習がいかに大切かがわかります。

これをしないと悲惨な結末が待っています。同じようにまた最初から学習しなければいけないからです。1カ月後には80％近くの情報を忘れるわけですから。

コレで、読書の学びを最大化できる

この法則を踏まえれば、効果的な読書方法がわかります。

今日は1ページを読んで、明日は1ページを読み直して2ページまで読みます。明後日は、2ページを読み直して、3ページを読みます。

7日目からは、6ページと7ページを読み、1ページも反復復習します。この読み方なら全部を読み終わったときに記憶に定着するはずです。

ところが、実際、これだと読書を楽しめないですよね。

エビングハウスは人の忘れ方を数値化して表してくれました。ウォータールー大学の研究では、記憶を簡単に定着できることも学びました。

気になったら、戻って読む、1週間経過したら戻って読む。

このような**反復効果を覚えておくだけでも、読書をするときの学びは違う**と思います。ご自身の生活スタイルにうまく取り入れて、成果を上げていきましょう。

頭がいい人の読書のコツ

13

記憶を簡単に定着させるには、1週間経過したら戻って読む「反復読書」が効果的

14

頭がいい人は、読んだ内容を人に話す

本で読んだ内容を人に話したり、書くことで、記憶に定着する

本に直接、インスピレーションを書き込む

それでは、読んだことを忘れないようにするためには、具体的にどうしたらいいのでしょうか？

おすすめなのは、**人に話したり、文章にまとめること**です。

私の場合は、これまでお伝えしてきたように、読んだ本の内容を、記事にしています。しかし、忘れないようにする程度であれば、記事にまでする必要はありません。

まずは、本に直接メモをしたり、本の内容を箇条書きにしたり、慣れてきたら100文字にまとめてみることです。

これらの作業を繰り返すことだけでも、記憶に定着しやすくなります。

本に直接書き込むことで頭に残りやすくなる

とくにおすすめなのが、111ページでもお伝えしたように、読んでいる本に直接、「自分のコメント」を書き残すことです。

本を読んでいる最中にすぐに書き込むことで、あなたが**そのときに感じたことやインスピレーション、考え、アイデアなどを残す**ことができます。

ノートやメモ帳ならまだしも、スマホやパソコンに書き込もうとすると、整理する間に記憶が曖昧になってしまうことがあります。記憶が新鮮なうちに書き込んでおけば、忘れることはありません。

ここで大切なことは、清書して整理するのではなく、殴り書きで書き込むことです。本が汚くなるくらいにグシャグシャに書き込むことで愛着も湧いてきます。

私の場合は、本の重要だと思うところに、カラーマーカーを引いたり、感じたことや思いついたことを、そのまま本の該当ページに黒いボールペンで書き込んでいます。

本はキレイに読むものではなく、なるべく汚く読むもの

なのです。

本を**ノート代わりにどんどん書き込む**ことです。

もちろん図書館から借りた本に書き込んではいけませんが、自分で買った本であれば、そのとき感じた感覚や感情はすぐに消えてしまうので、しっかりと記録しておくことをおすすめします。

読みながら「手書き」で記録することで、「必要な情報」だけが蓄積されていき

ます。

また、ふせん（ポストイット類）は使わずに、気になる箇所や書き込んだ場所は**ページの隅を折ってわかるように**してください。

ふせんは目印として貼っておいても剥がれてしまうことがあります。剥がれてしまうと、気になった場所がわからなくなってしまいます。

「話す」「書く」で、頭のなかも整理される

どんなに素晴らしい内容の本を読んでも、アウトプットできなければ意味がありません。アウトプットするためには、情報を整理する必要があります。整理をするには、文字にするか、言葉にする作業が不可欠です。

メモ書き程度でもかまいませんので、記録に残すことからはじめてください。

また、本で読んだ内容を、友人や同僚、家族に話すだけでもアウトプットの効果は得られます。**読んだ内容を、話題に上げるだけで記憶の定着率が違います。**

「話す相手」や「話す内容」は問題ではなく、まずは自分が本で得た知識、感動したところ、学んだ内容を誰かに話すことを習慣にしてみてください。それだけでも、知の蓄積がされていくはずです。

頭がいい人の読書のコツ

14

本を読んでもアウトプットしなければ蓄積されない。
メモ書き程度で残すことからはじめる

15

頭がいい人は、読書にふさわしい時間帯を知っている

パフォーマンスが高く発揮できる時間に本を読む

本を読む集中力が最大化する秘訣

「読書をするとき、集中できない」

という方は多いと思います。

集中力が低い状態で本を読んでも、頭に入ってきませんし、もちろんアウトプットすることができるようにはなりません。

では、どうすればいいのか。

本を集中力高く読むためには、なるべく集中力が高くなりやすい時間帯に本を読むことです。

私の場合は、**夜寝る前の1時間**になるべく読書の時間を取るようにしています。

朝起きたあとの1時間に集中力が高くなる、という人は朝本を読むといいでしょう。

朝は起きたばかりで頭が整理されている状態で、読んだ本の内容が頭に入ってきやすいですし、夜は誰にも邪魔されないリラックスした状態で本を読むことができるからです。

「朝一番」に何をするかは、1日のスタートダッシュをする上でとても大切なことです。そして、1日の最後である「夜寝る前」に何をするのか。これもまた大切なことです。寝る前の習慣によってパフォーマンスは大きく変わります。

「朝一番」と「夜寝る前」の大切な時間、どちらかを読書の時間にあてることは、集中力も高まりますし、あなたの人生を豊かにしてくれることでしょう。

集中力を上げるには、やっぱりコレが何よりも強力

そのほかにも、集中力を高める方法がいくつかあります。

とくにおすすめなのが、**睡眠をたっぷりとる**ことです。

睡眠をとらなければ体調は万全とはいえません。寝不足の状態を引きずると、い

くら朝の集中力が高いといっても効果は半減します。そのため、睡眠不足の状態での読書は好ましくありません。

「睡眠」は集中力を高める絶対条件として認識してください。

では、どうすれば良質な睡眠をとることができるのでしょうか。

私の場合、寝る前に**ゆったりとした時間を過ごす**ようにしています。のんびりとした時間。ゆとりのある時間です。

音楽を聞きながらリラックスし、ペットと過ごしたり植木の手入れをしたり、リラックスするためのストレッチも効果的です。入浴は、寝る3時間ほど前に済ませるようにしています。就寝前の体温が適温になるためです。

熱いお湯（42度くらい）は、交感神経が働き、新陳代謝や、疲労物質と老廃物の排出を促進させるといわれています。

熱いお湯での入浴は、神経を高ぶらせて眠りを妨げることが指摘されていますが、私の場合は、慢性的に首や肩こり、疲れを感じているため、42度くらいのお湯に、ストレッチや筋肉をほぐすようにしながら浸かるようにしています。

もちろん人によって最適な温度は違いますので、あなたに合った温度を探ってみてください。また、入浴前後の水分補給は忘れないでください。

就寝前は、食事、飲酒を控えます。ＰＣやスマホ、テレビなども控えたほうがいいでしょう。

また、**入浴後の仕事も厳禁**です。遅くまで仕事をすると、朝の体調回復が難しくなります。リラックスした睡眠を確保することで、すべてのパフォーマンスがアップすると考えてください。

なお、睡眠に関しては土日にたっぷり眠れば取り返せると思っている人がいます。

これについては、米国のペンシルバニア州立大学のアレクザンドロス・ヴゴンツァス（Alexandros N・Vgontzas MD）氏らの研究によって、認知機能は回復しないことが明らかになっています。

毎日、睡眠を削って頑張っても、週末のたっぷり睡眠で取り返せるわけではありません。

頭がいい人の読書のコツ

15

本を読むときは、体調を整えること。良質な睡眠をとれば、良質な読書ができる

16

頭がいい人は、読書に集中するための儀式を持っている

アスリートのルーティンのように、読書にもルーティンを取り入れる

読書前のルーティンでリラックスして本が読める

ルーティン、といわれて何が思い浮かびますか？

そう、アスリートのルーティンです。

ラグビーの五郎丸選手のキック、野球のイチロー選手のバットをぐるぐる回す動作、といえばイメージできると思います。

これは、アスリートが、**集中力を高めるための儀式**みたいなものです。

私にも、読書をするとき、集中力を高めるためのルーティンがあります。

まずは、最もリラックスして集中できるのは、寝室のベッドのなかです。

上半身をリクライニングさせて、ペンを数本、ベッドサイドに置いて、読書用の灯りをつけたらルーティンは完了です。

そこから、**一気に読書の世界に入り込みます。**

大切なことは、リラックスしていることです。

ベッドで本を読むと眠くなるという人がいますが、眠い欲求を我慢しても読書の効果は上がりません。眠くなったら、**睡眠を優先**してください。

また、いつまでも同じ作業に集中することには限界があります。**定期的な休憩**をとることで、読み続けるモチベーションを維持することができます。

少し疲れたな、飽きたなと思ったら、5分程度、休憩を挟むようにしてください。お茶を飲んだり、簡単なストレッチをしても気分転換ができます。

集中力を爆上げできる、とっておきの方法

有名作家が「旅館に缶詰になって小説を書き上げる」などという話を聞いたことはありませんか。

彼らはなぜ旅館にこもるのでしょうか。「自分のオフィスで書いたほうが効率的

だ」と考える人もいると思います。

しかし、旅館なら、**他からの干渉をすべてシャットアウトできる**メリットがあります。雑念を排除し、集中力を高めて、一気に執筆を仕上げることができます。

作家の村上春樹さんは、著書のなかで海外のカフェで書くことが多いことを明かしています。誰からも声をかけられず、街の風景にとけこみながら、集中して小説を書けるようです。

集中する作業が多い人には、気分を落ち着かせるための、お気に入りの場所があるものです。

私の場合は、新宿のビジネスホテルを利用します。高層階から見える風景は気分を落ち着かせてくれます。非日常の空間にいながら優雅に執筆ができて、気分転換の娯楽（ルームシアター）が常備され、集中力も高まる場所です。

平日ならラグジュアリーホテルでも宿泊費は1万円弱（1泊）です。大切なことは自分のとっておきの空間であることです。

私の場合は、ホテルという場所に入ることで、集中するスイッチを入れているのです。

これは読書にも応用することができます。

なかには読書をするためにホテルに泊まることは、お金もかかりますし、難しいという方もいるかもしれません。

たしかに、ホテルに泊まって読書することは、いつもとなるとなかなか難しいかもしれませんが、カフェに行くことならできるはずです。ホテルに代わる、**集中できるお気に入りの場所**を見つければいいのです。

私の場合、コンサルティング会社に勤務していましたが、その仕事は超多忙でした。つねに監視されているような状況で、いつもストレスフルの状態。数時間、誰とも会わない、電話に出なくてもいい時間が必要でした。

そのときには、銀座・伊東屋の横にあるチェーン店のカフェを利用しました。座席数が多いので座れないことがありません。さらに、地下にあるので当時は電波が届きません。都合がよい場所でした。

ほかにも、体調が芳しくないときには仮眠室を利用しました。

どうしても集中したいときや、ストレスフルな状況のときには、集中できる環境に身を置くか、いったんリセットする場所に身を置けばいいのです。

先ほどお伝えしたように、私の場合は、新宿のビジネスホテルを利用することが多いです。集中したり、リセットする以外にも、ホテルなら打ち合わせにも便利だからです。

ホテルのラウンジやカフェは、ゆったりとした気分で誰にも気兼ねすることなくお店にいることができます。隣の席との適度な距離感がわずらわしさを感じさせません。コーヒー1杯であろうと邪険な扱いをされることもありません。

ホテルのカフェはそもそも待ち合わせや商談を目的として、宿泊客はもちろん、宿泊客以外の方でも自由に利用できることを目的としています。**従業員やスタッフが一定の距離感を保ってくれるため、干渉されることはありません。**

そのため、お見合いなどの待ち合わせは、ホテルのカフェが使われます。時間帯にもよりますが、土日にホテルのカフェに行くと、まわりはお見合いのお客様ばかりなどということが珍しくありません。

さらに、ホテルであれば急な手配や頼みごとがあっても細かなところまで行き届いたサービスを提供してくれます。いずれにしてもホテルは使い勝手のよい空間なのです。

頭がいい人の読書のコツ

16

集中するための場所や儀式をつくることが大切。余計なものはすべてシャットアウトすること

17

頭がいい人は、読書パフォーマンスを上げるツールを知っている

コレで集中力が格段に上がる

10分で本を読み、30分でアウトプットできる秘訣

なかには、「私は火事場の馬鹿力を発揮する」という人がいるかもしれません。

夏休みの宿題を、最後の1日で片づけた経験は多くの人があると思います。

人間は切迫した状況に置かれると、想像できないような力を無意識に発揮することがありますす。

1日で終わるのなら、最初の1日で全部やってしまえばいいと思いますが、それはできません。限界状況に追い込まれなければ力を発揮できないからです。

そう考えれば、どのようなスタイルが大切なのか答えは出てきますが、自分を奮い立たせて読書のパフォーマンスを高めるにはどうしたらいいのでしょうか。

これは、自らのタイムスケジュールに**制限時間を設ける**ことです。

私は、本を10分で読み、30分で記事を構成し、10分で投稿する作業をすべて行い

ます。

1本の記事を準備するのに、1時間以内という目安をつくっています。そのため、毎回、時計を見ながら作業を行っています。

具体的に期限を設定することで集中力が高まります。集中力が高まれば効率がアップすることは間違いありません。

これについては、精神科医の樺沢紫苑さんが、「人は追い込まれることで脳内でノルアドレナリンが分泌されること」「ノルアドレナリンは、集中力を高め、学習能力を高め、脳を研ぎ澄ます」ことを効果として挙げています。

脳科学の分野では既に検証されている考え方なのです。結果として良質なパフォーマンスを発揮できます。

キッチンタイマーで読書パフォーマンスが上がる

みなさまにおすすめしたいのが、キッチンタイマーです。この項では、キッチンタイマー＝ストップウォッチとして理解してください。

ストップウォッチ機能が付いていればなんでもかまいませんが、時計やスマホのストップウォッチではなく、スーパーで売っているようなキッチンタイマーがいいでしょう。数字部分が大きく軽いものがベターです。

時計やスマホは、キッチンタイマーのような数字のみを計ることを目的に設計されていません。また、視線が移動しますから気が散ります。キッチンタイマーを用意することで時間がよりリアルに伝わってきます。

1冊の本を読む、1本の記事を書くのに、「今日は○○分かかった」「この本は分厚いのにかなり短縮して読むことができた」と可視化できたほうが、はるかに学びの効果は大きいはずです。

私も社会人になりたての頃から、キッチンタイマーを肌身離さず持っていました。政治家の秘書として時間を管理したり、講演時間の進捗を確認するにはキッチンタイマーが便利だからです。

いまでも、講演の際にはパソコンで時間表示する隣に、キッチンタイマーを置いています。講演中に時計をチェックするのが嫌という理由もありますが、すでにキッチンタイマーの使用は儀式になっています。

使用しているのは、1000円程度の画面が大きい普通のものですが、時計機能が備わっています。出張で新幹線に乗る際にも、この時計機能が大活躍します。

スマホのアラーム機能でもいいのですが、私のスマホだとマナーモードにするとアラーム音が鳴らずバイブ機能も使えません。

以前、気がつかずに乗り過ごしそうになったことがありました。それ以来、キッチンタイマーの時計をセットするようになりました。

読書時間を記録することで、楽しく成長を実感できる

キッチンタイマーを使って記録するのは、「各作業に要した時間」です。私の知人には、枕元にキッチンタイマーを置いて睡眠時間を計っているヘビーユーザーがいますが、そこまで記録する必要はありません。

時間を記録することで、1日1日、努力が実を結んでいると感じることができるはずです。少しずつ、タイムが縮まっていけば快感です。**ゲームのレベルを上げるように遊び感覚で取り組むほうが長続きする**と思います。

これらを繰り返すことで、本1冊を短い時間で覚えられるような能力が身につくはずです。文章の要点を押さえたり、どのページに何が書かれていたかを覚えられるようになるはずです。

キッチンタイマーには、自分の中に眠っているポテンシャルを引き出す力がある

こともわかるはずです。残り時間が迫ってくると、急にひらめいたり、一気に吸収することがあります。

「あと1分だ！」と気持ちを引き締めると集中力が高まります。これは、アナログ式の時計からは感じることができない不思議な感覚です。

多くの著書を出されている明治大学文学部教授の齋藤孝さんは、「ストップウォッチ」で仕事・勉強のスピードが倍速になるとさえ言っています。

著名人の間でもストップウォッチの愛用者は多いと思いますが、ほとんどの方は、私と同じような時間管理と追い込みに使っているはずです。ぜひ、参考にしてみてください。

頭がいい人の読書のコツ

17

読書スピードを高めるにはキッチンタイマーが便利。画面が大きく余計な機能がついていないものがおすすめ

第4章

頭がいい人の
ネット・新聞・雑誌の
読み方

18

頭がいい人のネットの読み方

ネットニュース、SNS、Google、本を読む力とは別の力が必要

タイムリーさでは週刊誌もかなわない

昨今、スクープを連発したのが週刊文春（1959年創刊、文藝春秋）、週刊新潮（1956年創刊、新潮社）の2誌です。双方ともに、新聞、テレビが書かない記事を書く週刊誌というスタンスをとっています。

週刊文春は、SMAPの独立騒動に始まり、ゲス不倫、ショーンK氏のスクープ、週刊新潮も自民党「魔の2回生」と称したスクープを連発して情報力と取材力の高さを見せつけました。

同じニュースをネットニュースから投稿すると仮定します。ネットニュースであれば、毎日、出し続けることが可能です。その日に投稿したニュースは主要なサイトに転載されて拡散していきます。

しかし、週刊誌はどれほどのスクープを持っていても、紙の場合、週に1回しか掲載できません。記者がスクープを持参、それを編集会議で議論し、最終的な決裁をもらわなければ掲載できないはずです。そのため、最近は週刊文春と週刊新潮もオンラインに力を入れています。

拡散に大きな影響を与えたのが、Twitter（ツイッター）、Facebook（フェイスブック）などのSNSと、ニュースキュレーションアプリ（スマートニュース、グノシーなど）です。

ICT総研の市場動向調査（2018年5月発表）によれば、ニュースアプリの利用者は2020年度末には5630万人へ伸長することが予想されています。国民の4割（5000万人）が使用することになれば、それは巨大なメディアといっても過言ではなくなります。

ニュースキュレーションアプリの使用者は、30～50代が中心といわれていますが、これは主要なネットニュースの読者層ともかぶります。主要なネットニュースの読者が移行していると考えることができるからです。

さらに、（公財）新聞通信調査会が、2018年1月に公表した調査によれば、ネットニュース閲覧率が新聞朝刊閲読率を上回ったことが明らかになっています。

将来の新聞について「インターネットなどの普及により新聞の役割が少なくなってくる」と考える役割減少派は49・6％、「今までどおり、新聞が報道に果たす役割は大きい」と考える役割持続派は34・4％にとどまっています。

ニュースの読まれ方や情報収集の方法が、これまでとは大きく変化しつつあるのです。

ネット情報を読むときのポイント

ネット上にある情報は無限大です。そのため、**多くの情報から取捨選択する作業は大変重要**です。

とくに、気をつけなければいけないのは、ネットニュースの読み方です。多くのネットニュースの場合、ニュースネタは無料で読めるため非常にお得です。

ところが、ネットニュースの場合、情報が羅列されているに過ぎないため必要な情報が得られるとはかぎりません。

また、ネットニュースにはフェイクが多いことに注意しなければいけません。フェイクのみならず、根拠に乏しい記事や中身のないニュースも乱立しています。サイト側は、ＰＶの稼げる記事を優先的に掲載します。

しかし、その記事が読者にとって有益であるかはわかりません。サイト側は、読者と適切なニュースをマッチングさせる存在ではないからです。サイト側の収入源は広告費です。ＰＶを稼ぐことを優先するため、中身の精査までできないのです。

さらに、昨今のブラウザの特徴（アルゴリズム）として、ネットには過去の閲覧履歴や嗜好に合わせた情報が自動的に選別されている問題があります。

私が「読書」に関する情報を閲覧している場合、この履歴は収集されて、読書に関する情報ばかりが目に付くようになります。これも、表示される情報が、読者にとって有益なものかはわかりません。

情報の取捨選択はある意味においては効率的ですが、情報が広く俯瞰できないため、視野狭窄を起こす危険性があります。そのため、ネットのリスクなども踏まえて活用しなければいけません。

では、どのようにして信頼できるソースを選べばいいのでしょうか。ソースを、「NHK NEWS WEB」や、新聞電子版などに絞ることです。

これは、確かな情報源に絞るという目的があります。事実誤認やフェイクニュースに引っかかる心配も少なくなります。

PC版、スマホ版、ともに内容は変わりませんので使いやすいほうを利用すればいいでしょう。

ネット検索のポイント

また情報検索については、Google（グーグル）やYahoo!（ヤフー）などのポータルサイトで、キーワード検索する人が多いと思います。すぐに情報が表示されるのでスピーディーといえます。

しかし、ネット上の情報はノイズが多いので取捨選択は簡単ではありません。なかには、無料辞書のWikipedia（ウィキペディア）を利用する人もいると思います。守備範囲が網羅されているので便利そうに見えます。

ところが、Wikipediaも当てにすることはできません。Wikipediaの記事はすべてボランティアによって無償で書かれたものです。内容には根拠がないこともあり信頼性が低いため文献としては現状では頼りないというのが私の感想です。

そのため、情報は世の中に出ている情報を確認する作業が必要になります。Google検索からWikipediaまで広く網羅して、そのなかからセレクトする必要があるのです。

Twitterなど、SNSから情報を得るときのポイント

また情報感度を高める簡単な方法があります。

SNSは誰でも使えるツールで、実際に使用されている人も多いと思います。Facebook、LINE（ライン）などはコミュニティ重視の閉鎖性の高いツールです。匿名性が低く、新しい情報を収集したり情報拡散性はあまり期待できません。

同じSNSのなかでも、**Twitterの情報拡散性は優れています。**自分が興味のある分野について、新しい情報を仕入れているジャーナリストやニュースサイトのアカウントをフォローすればいいのです。鮮度の高い有益と思われる情報が流れてきます。

Twitterを開けば常に欲しい情報が流れて来るようになります。またTwitterはハ

ンドルネームで登録できるので匿名性が高くなります。誰にも知られることなく情報収集が可能です。

また、グループウェアで面白いと思ったニュースを共有したり、NewsPicks（ニューズピックス）のようなサイトで気になったニュースにコメントをするだけでモチベーションは維持できるはずです。

自分の考えを言語化する作業が発生しますので、理解が深まります。人から見られているため表現方法や見解についての精度が高くなっていきます。

頭がいい人の読書のコツ

18

ネット上にある情報は無限大。多くの情報から取捨選択する作業が重要

19

頭がいい人の新聞の読み方

頭がいい人は、日経新聞の情報をうまく活用している

新聞は、ネット以上に、世の中の流れが一覧できる

新聞も、購読者数は減ってきているとはいえ、無視できないメディアです。

私が新聞を読むときは、主に、政治・経済の動向をチェックしています。政治の決定が経済に与える影響が大きいからです。

そのため、日経新聞、読売新聞、朝日新聞、産経新聞の4紙を購読しています。**主張が異なる新聞を読むことで客観的視点が養われる**効果があります。

新聞には、社会全体を俯瞰する一面があります。情報の質も、他のメディアと比較しても圧倒的に優れています。

アパレル業界なら繊研新聞、農業従事者なら日本農業新聞、国際情勢について知識を得たいなら、日本の主要紙以外にも、ウォール・ストリート・ジャーナル、CNN、ブルームバーグ、フィナンシャル・タイムズ、ロイター、スプートニク

ニュースなどを読むだけで十分な情報を得ることができます。日本語版なら、語学が苦手な人でも読むことができます。

しかし、同じことをやっていてもなかなか差別化はできません。差別化をするのであれば、ほかとは異なる情報や切り口が必要になります。日経新聞、読売新聞、朝日新聞、産経新聞は一般紙ですが、扱っている情報や主張には偏りがあります。

日本経済新聞（日経新聞）は、経済に特化した新聞です。最近は購読数が少しずつ落ちていますが、電子版では大手紙のなかで1位です。経済そのものや、経済を左右する、政治の状況、特に国際情勢は経済と強く結び付いていますので、ビジネスパーソンには必読の新聞といえるでしょう。

読売新聞は、世界一の発行部数を誇り、ギネスにも登録されています。保守系中道路線であることや大衆紙なので「わかりやすさ」に重点が置かれています。人々の関心が寄せられやすい構成になっている点に特徴があります。

朝日新聞は、読売新聞とは対極にあります。全国高校野球選手権大会の主催なので、一般的にはいいイメージを持たれています。思想はリベラルで、反政権寄りの主張が目立ちます。

産経新聞は、部数こそ多くないですが、保守本流の路線です。たとえば、読売新聞は自民党批判をしませんが、産経新聞は間違っていると思えば自民党にも遠慮はしません。発行部数は読売新聞の6分の1くらいですが、存在感がある新聞社といえます。

受信する側が「情報弱者」だと、公人や著名人の言動、注目度の高い組織の動向を鵜呑みにしてしまう危険性があります。まずは、一般紙でかまいませんので、精読するクセをつけましょう。

各紙の主張や考え方を読み込めば、真の主張が見えてくるはずです。そのためには、まず理解力の土台をつくっておくことが大切です。

■ビジネスパーソンは、まずは日経新聞を読むところから

いまニュースはウェブを見ていたら、普通に入手できます。しかし、多くの情報のなかから取捨選択するには一定のスキルが必要です。

結果的に多くの情報に振り回されてしまうのなら、まずは日経新聞をちゃんと読むところからはじめたほうがいいでしょう。

紙と電子版がありますが、基本は紙で読み、記事の流れや重要度がわかるなら電子版でも問題ないと思います。

新聞の一面には、新聞社の主張や一番読者に知ってほしいことが掲載されます。一般的な社会の関心事であることはいうまでもなく、一面を読むことで、社会で話題になっている情報を知ることができます。

二面には社説が掲載されますが、これは全部を読む必要はありません。タイトルと主題のテーマを確認すれば十分です。

また新聞のなかには、さまざまな数字の記事が出てきます。数字は覚える必要はありません。記事の構成（内容）を感覚的に覚えていれば問題ありません。細かい数字を覚えても、入試があるわけではないので覚えるだけ意味がありません。

ここで大切になるのが、**記事を関連付けて読む**ことです。日本企業が海外に進出して、生産拠点を移転するなどのニュースがあったとします。そのような場合、業界ごとに調べれば、経済の特徴がつかめるはずです。

日経新聞でデータベースをつくることもできる

あまり知られていませんが、**人事欄**は見逃さないようにしてください。人事欄を集めれば、役員四季報を上回る精度で、高いデータベースを完成させることができます。自分独自の営業データベースがつくれるわけです。営業パーソンなら必須のテクニックといえます。

慣れてしまえば、ポイントを押さえて読むことで気楽に読めるようになるはずです。**一面だけならじっくり読んでも10分程度。**これなら、継続的に読む習慣がつくれるはずです。

頭がいい人の読書のコツ

19

日経新聞はお宝の山。
慣れれば10分で読める

20

頭がいい人の雑誌の読み方

ビジネス誌3誌が基本。
シンクタンクのレポートもおすすめ

新聞より深掘りした内容が読める

経済や経営の話題が苦手な人にとって、日経新聞はハードルが高い存在かもしれません。

そのため、日経新聞を読みにくい人には、ビジネス誌の購読をおすすめします。経済誌は、週刊ダイヤモンド、週刊東洋経済、日経ビジネスの3誌が有名です。各誌の特徴について解説していきます。

週刊ダイヤモンドの読み方のコツ

週刊ダイヤモンドでは、業界の動きやその背景、問題点などが詳しく解説されているので、ビジネス初心者の方でも簡単に読むことができます。

ビジネス誌でありながら、大くくりにとらえた特集が多いので、読むだけで業界の情報通に近い情報を得ることができます。読みやすさはレイアウトの違いにも反映されています。

ビジネス誌は、縦書き・本文4段組が基本パターンですが、週刊ダイヤモンドは、本文の文字が若干大きく、レイアウトもゆとりがあり読みやすくなっています。内容はビジネス誌のなかでは平易に入ると思います。就職活動中の人、社会人になりたての人、経営企画部門に異動になった人は週刊ダイヤモンドを読むことをおすすめします。

定期購読をすれば30%以上安く購入することが可能で、学生であれば最大で60%近くの値引きになります。また、週刊ダイヤモンドは2019年10月1日以降の契約からは無料ではなくなりましたが、週刊東洋経済は、定期購読をしていればバックナンバーがすべて無料で自由に読めてしまいます。定期購読に抵抗がある人は、気になったテーマだけを購入するといいでしょう。

週刊東洋経済の読み方のコツ

週刊東洋経済も、週刊ダイヤモンドに近いのですが、少々内容が難しくなっています。とはいえ、これも週刊ダイヤモンド同様に初心者向けの構成といっていいでしょう。

会社員には必需とされる、会社四季報などを発行している東洋経済新報社が発行していますので、株式投資系・企業分析の情報は深い考察がされています。

また、ビジネス週刊誌は、新聞と異なり速報性に劣るのではないかという意見があるかと思います。日々のニュースを知るには新聞は最適なメディアです。

一方、ビジネス誌は関心の高いニュースを掘り下げて特集することに特徴があります。新聞には書かれない情報の裏側を知ることに役立つはずです。

日経ビジネスの読み方のコツ

日経ビジネスは原則的に定期購読契約を募った上での直送制をとっているので、基本的には取次店を通さず、読者・企業へゆうメールで直送しています。

ビジネス関係に重点を置く書店（たとえば、紀伊國屋書店、丸善ジュンク堂書店などのナショナルチェーン）、都心部の駅売店など、実店舗でもお店によっては取り扱いがあります。

内容はビジネスの最前線で起こっている事柄を紹介して、大きな話題となった事件・出来事に対して、さらに掘り下げた分析を加えて解説しています。

または、上場企業の株価・業績から、その企業の強み・課題を考察し、今後の経営戦略・株価展望を紹介するなど、情報深度が高いのが特徴です（近年では、大塚家具、スカイマークの記事が話題になりました）。景気動向に関しても、経済分野の専門家が経済指標を分析し、今後の経済見通しを分析しています。

読者層は、ビジネス初心者よりも、中間管理職以上を対象にしているものと思われます。多くのビジネス誌が右綴じ（本文は縦書き）に対し、日経ビジネスでは左綴じ（本文は横書き）を採用しています。

また、週刊ダイヤモンド、週刊東洋経済などとは異なり、投資、マネープラン、大学の序列、人材採用などの特集は少なくなっています。

なお、3誌ともに電子版（オンライン版）は内容が異なります。電子版（オンライン版）は表現方法も平易で読みやすくリライトされているという特徴があります。ただし、一貫した読みやすさを求めるのであれば、電子版（オンライン版）はおすすめしません。

ビジネス誌以外では、**シンクタンクで公開されているレポート**を読むことをおすすめします。難解なものが少なくありませんが、自分の関心のあるテーマに絞って読めば理解しやすいと思います。

頭がいい人の読書のコツ
20

ダイヤモンド、東洋経済、日経ビジネスは社会人なら鉄板。ビジネス誌以外では、シンクタンクのレポートがオススメ

21

頭がいい人の教養書の読み方

幅広い教養は
あなたの武器になる

教養を身につける最短ルートは、教科書や参考書の学び直し

教養は、すぐに役立つ知識ではありませんが、地力になります。

教養の定義はさまざまあると思いますが、私は問題解決力だと考えています。いまの大学教育では、社会課題をうまく切り取り、自身の技術で解決できることが評価に変わってきています。企業の採用活動では「自ら考えて行動する」、問題解決型の人材が求められる人物像に変わりつつあります。

おそらく、みなさまが会得した教養のなかには、すでに役に立たないものがあるはずです。問題解決力は経験によって深みを増していきます。読書は問題解決力を高める有効な手段です。

教養といっても幅広いので、何から学び直したらいいかわからない、という方におすすめなのは、政治・経済の学び直しです。

なぜなら、政治・経済を学ぶということは、広い視野に立って社会の本質に関する理解を深めることだからです。

私たちの生活はすべて政治の意思決定により左右されています。政治・経済を理解し、社会のなかにおける、私たちの役割を理解することで、良識が身につきます。政治・経済を正しく理解することで、正しい判断力を養うことができるのです。

教養の学び直しをするときにおすすめなのが、学生時代に使った教科書や参考書です。

政治・経済を学び直しする際に役立つ書籍を紹介します。

・『山川一問一答倫理』（山川出版社）
・『山川一問一答政治・経済』（山川出版社）
・『もういちど読む山川倫理』（山川出版社）

約１６００の「政治・経済」の用語を取り上げた、一問一答形式の問題集です。用語は、政治と経済に分けて配列されています。問題は、重要度を３つのランクに分けて表示されています。時代の先人が模索してきた倫理感や物事のとらえ方の変遷を理解することができます。

また、小学校の算数も、学び直しておくと、世の中のいろいろな場面で力になります。小学校の算数を学び直しする際に役立つ書籍を紹介します。

・『小学校６年分の算数が教えられるほどよくわかる』（小杉拓也著、ベレ出版）

小学生の算数など楽勝と考えている大人は多いと思います。しかし、それを子どもに教えることは難しいはずです。「わかっている」と思っている人が実は理解していない部分を丁寧に解説しています。算数を深く理解できます。

古典名作を読んで教養を深める

古典や名作は、名作を名作たらしめる理由を考えながら読むのが醍醐味です。1回目は普通に読んで、2回目以降は自分なりに好き勝手に読むことです。

夏目漱石の『吾輩は猫である』という作品があります。「吾輩は猫である。名前はまだない。」という出だしで始まります。私は最初に読んだとき、「です・ます調」にしたら面白いなと思いました。

「吾輩は猫です。名前はまだありません〜」こうなるわけです。ある程度読み込むと、「です・ます調はダメだ。だ・である調だからリズムがあるんだ」と気がつきます。そして、全体を読むことで一言一句ムダがないことに気がつくはずです。

川端康成の『雪国』は「国境の長いトンネルを抜けると雪国であった。」という出だしですが、全体を通して読むとやはりムダがないことに気がつきます。

『雪国』は代表作ということもあり多くの論争があります。みなさまは、出だしの「国境」を「くにざかい」「こっきょう」のどちらで読むことが正しいと思いますか。

「くにざかい」を主張する人は、境界の読み方が一般的に「くにざかい」であると主張します。「こっきょう」を主張する人は、舞台は上越であり上越国境は「じょうえつこっきょう」と読むのが常識だと主張します。しかし、いまだに決着を見ていません。川端がこの件について発言していないためです。

ちなみに、私なら「こっきょう」と読むほうがリズムがいいと思います。

みなさまはどう思いますか？

このように、古典や名作を読むときは、いろいろな楽しみ方があります。あなたなりの読み方で、楽しんで読むことをおすすめします。

頭がいい人の読書のコツ

21

教科書や古典を読み、眼力を高めよう

第5章

頭がいい人は、本を読んで終わりにしない

22

頭がいい人は、読んだ本の内容をアウトプットできる

アウトプットして、はじめて読書は完結する

限られた時間で最良の結果を出す方法

あなたは月に何冊の本を読んでいますか。

「最近読んだ本で良かった本を教えてください」

そう質問されたら、すぐに答えられますか。

おそらく多くの人が「えー」と言ったきり、次の言葉が出てこないはずです。

そのような読書をしても、身につくことはありません。身につくことはありませんから、自己成長につながりません。これまでお伝えしてきたように、本を読んでも、アウトプットできないと意味がないのです。

そこで本章では、限られた時間で最良のアウトプットをする秘訣をお伝えします。

読んだ本をアウトプットする方法はいくつかあります。

本への書き込み、人に話すなどはご紹介しました。

もし、さらにステップアップしたいようでしたら、私のように、本で読んだ内容をまとまった文字数の記事にまとめ、自分の考えや主張を、ブログやSNSなどで発信してみてもいいでしょう。

文章で効果的に伝えるために大切なものが、「フック」です。

最初の100文字。レポート用紙で最初の3行はとくに重要です。この3行で読者の心にフックが掛からないと読んではもらえないからです。

最初に、サマリーを3行（100文字）でまとめてみましょう。自分が読者だと想定して、どのような書き方であれば、心をつかみ、刺激することができるのか考えてみましょう。

3行でまとめるといっても、過剰な書き方になったり、内容がともなわない文章では意味がありません。何を主張したいのかを3行で明確にしなければいけません。

日常的な仕事のなかでも、何を伝えたいのか要点を意識することは大切です。

これは、企画書でも、プレゼンやセミナーの資料でも同じことがいえます。

さまざまな商品やサービスがあふれている時代、相手に「なるほど！」と思わせるメリットを感じてもらうポイント、つまりフックがないと、一本調子で話を聞いてもらうこともできません。

まずは自分を読者に置き換えること。次に、アウトプットした文章を他人にシェアしても要点が伝わること。この2点を重視してください。

誰に向けて、何を、なんの目的で、どう伝えるか。きっちり整理してみると、アウトプットの精度が高まるはずです。

頭がいい人の読書のコツ

22

読んだ本の内容をまとまった文章にすることを心がけよう

23

頭がいい人の、本をアウトプットする3つのテクニック

アウトプットも型が9割

最初に結論を書く

文章を構成する際のヒントですが、「最初に結論を書く」ようにしてください。会話をしていて、なんの話かわからなかったり、意味が通じないと、聞く側はストレスを感じます。

文章も同じです。要点がわからない内容をだらだら続けても、まったく伝わりません。そうならないためにも、結論から書くことが望ましいと考えます。これには2つの理由があります。

1つめの理由は、「読者への配慮」です。

読者は時間をかけて文章を読みます。相手の有益な時間を奪っていることになりますから、要点をシンプルに伝えなければいけません。

一番伝えたいことを最初に読ませることで、読者は丁寧に読むべきかどうか判断しやすくなります。短時間で文章を理解しますので、忙しい人にも読んでもらえる可能性も高くなります。

2つめの理由が「正確性」です。

結論から伝えることで、筆者の意図や目的を理解してもらえる可能性が高まります。文章の概要をつかめ、後にある説明を飲み込みやすくなるからです。

長々と続けられると、何を伝えたいのか相手には伝わりません。正確に伝えるためにも、無駄をなくして結論から伝えることが大切です。

最後まで読ませる「仕掛け」を入れる

あなたが、SNSに記事を投稿しているなら、文章を最後まで読んでもらいたいと思っているはずです。最後まで読ませる「仕掛け」を取り入れている人は多いでしょう。

たとえば、「キャンペーン」の告知があると読まれやすくなります。文章をスクロールしながら「詳細は最後に」「特典は最後に」とアナウンスされていると、最後まで読んでしまいます。

テレビ番組の視聴者プレゼントと同じ理論ですが効果はあります。最近多いのが、文章の横（サイドバー）や、HTMLメールの横に、星占いやおみくじがあるものです。結果を知るには文章を読み進めなくてはいけませんから、効果的です。ほかにも、「編集後記」を付けるやり方もあります。映画のPR文章であれば、あらすじ以外に「裏話」「失敗談」「NGシーン」などのストーリーを掲載することで、共感力を高めることが可能です。


私は、記事を読ませることが目的の場合、ブログやメルマガ、Facebookで紹介する際には、最初の100文字程度しか見せません。

「この続きはサイトにて！　https://～」とリンク先を明記して閉じてしまいます。冒頭の100文字に要点をまとめておけば、読みたい人を誘導できます。

最近のWEB新聞は「会員登録することで月3本まで無料で読める」「冒頭部分

を読める」などの仕掛けをしていますが、同じ理屈です。
一方的な情報発信からは、読者とのコミュニケーションが生まれにくいので、筆者の個性を表現した仕掛けが大切です。まずは、筆者の人となりがわかるようなコンテンツを用意してみてはいかがでしょうか。

ライザップ方式物語法

3行（100文字）で整理することに慣れてきたら、文章量を1000〜1500文字程度に増やしてみましょう。**1000〜1500文字であれば、ブログ記事や、ニュース記事としても成立する文字数**だからです。

この文字数になると、要点以外に**全体のストーリー**が必要になります。ストーリーを作成するには、最初にゴールの設定をすることが大切です。理由は3つあります。

①目的がなければ文章が完結しない

ゴールが設定できない場合、ストーリーがない物語と同じになります。これでは物語にはなりません。

たとえるなら、地図もコンパスもない船に乗り込んで、目的のないまま、さまようようなものです。これではストーリーが完成することはありません。

②途中で座礁してゴールできない

ゴールに行き着けないということは、文章が完結しないことと同じです。

たどりつくまでの構成や手法がわからない、ゴールに向かって出航したものの、途中で燃料が尽きてしまったり座礁することと同じような意味です。

文章として意味を持ちませんからゴールは必須です。

③矛盾に気がついてゴールできない

書いている途中で矛盾があることに気がつくことがあります。その結果、手を加えますが余計にわかりにくくなり、ストーリーが成立しなくなることがあります。途中の経由地に止まらずにゴールに向かった結果、途中で降りる予定の乗客が怒り出してゴールできない状況に似ています。

ほかにも、ゴールに到達するまでにいくつかのエッセンスが必要になります。これが、時間（リード）と起伏（アップダウン）です。

時間（リード）は時系列に書いていけばいいでしょう。起伏（アップダウン）は、自らが共感したり投影する箇所になります。この部分をさらに膨らませることで文章としての精度を高めることができます。

私たちのまわりには多くの物語があふれています。映画、ドラマ、小説、ミュージカル、ＣＭ、スピーチ、ドキュメンタリーなど、これらのすべてに物語の要素が含まれています。結婚式のスピーチなどは物語で脚色されたよい事例です。

このテクニックはビジネス文章に活用することができます。最初は、端的に構成することが求められますが、慣れてきたら物語のエッセンスを用いるといいでしょう。「だよね」「ふむふむ」「すごい！」と思えるような内容に仕上げるということです。

たとえば、ダイエットの「ライザップ」は「なぜあれほど痩《や》せられるのか」という記事の書き出しで物語を形成しています。「ビフォー」を見せることで共感を狙い、「アフター」で実績や根拠を見せています。これはうまい物語の構成です。私たちは、物語が好きですから、このエッセンスを利用しない手はありませんね。

頭がいい人の読書のコツ 23

読んだ内容を魅力的にアウトプットできるようになると、自己肯定感も上がる

24

頭がいい人は、アウトプットの仕上げが卓越している

最後の一手間でアウトプットの精度は驚くほど変わる

最後の肝、推敲！

文章のチェックを推敲《すいこう》といいます。推敲は自分の文章をよくするために行う作業です。よくするための作業であれば、甘いチェックをしてはいけません。ここは、うるさい読者になったつもりで、自分の文章を批評しなければいけません。

厳しい姿勢で臨まないと、改善点が明らかにならないからです。とくに、文章を書くことに慣れている人や自信がある人ほど謙虚さが必要です。自分が書いた文章を客観視する3つの方法をお教えします。すぐに実行してみてください。

①1日空けてから読み直す

夜中にラブレターを書いて、次の朝に読み直したら、とんでもない文章だったという経験はありませんか。書き終わったら、少し時間を置いて読み直すことをおすすめします。

②印刷して読み直す

パソコン上の画面で文章を読んでいるのと、実際に印刷して読むのとでは、見え方は大きく変わります。紙に印刷するだけで、ミスに気づきやすくなります。

③声に出して読み直す

音読しながら読み返すと気がつかなかったミスに気づきやすくなります。視覚、聴覚の両方で文章を確認することで推敲の精度が高まります。

協力者がいるなら他人に読んでもらうことも効果的です。他人であれば、思い入れはありませんから、厳しい態度で読んでくれるはずです。

また、テーマにまったく合致しない読者は文章に対するベースの知識もありませんから、どこが課題でわかりにくいか明確に気づいてくれます。

さらに、つけ加えるなら、想定読者と同じようなプロフィールの協力者が望ましいと思います。

客観視する方法はいくつかあると思います。取り組みやすい方法を実行してみてください。

頭がいいい人の読書のコツ

24

推敲は自分の文章をよくするために行う作業。うるさい読者になったつもりで、厳しい姿勢で臨む

25

頭がいい人は、読書→アウトプットのサイクルで常に成長している

読書とアウトプットは自分を成長させる、絶好のチャンス

読書とアウトプットで自分を見つめ直す

人生を変える方法はアウトプット以外にはありません。私自身、これまでたくさんの本を読んできましたが、どんなに本を読んでもアウトプットをしなければ意味がなかったことに気がついています。

だから、意識的にアウトプットをするようにしました。

その結果、自己成長を体感できるようになりました。私のオフィスに届く本は多い日で10冊くらいです。紹介できるサイトはいくつかありますが、すべての本を紹介するわけではありません。私なりの基準で選定し、だいたい3割くらいに減らします。

1冊を10分で読んで30分で記事を書き、10分で投稿作業を行います。1つの記事を作成する正味の時間は1時間以内と決めています。

理由は、力を入れすぎても読まれるわけではないからです。記事は、JBpress、オトナンサー、J-CASTニュース、言論プラットフォーム・アゴラ、LIMOのどれかに掲載します。

なかには、Yahoo!ニュースに掲載されて数百万PVをたたき出す記事もあります。こうなると、Amazonは一気に完売になり即重版です。だいたいこのような作業を毎日、そして10年くらい続けています。おかげさまで影響力のあるコラムニストとして紹介される機会も増えました。

「寝る時間はあるのですか？」とよく聞かれますが、睡眠時間は毎日7時間以上は確保しています。なぜこんなことができるのかというと、アウトプットの方法を工夫し、インプットとアウトプットのバランスを整えているからです。

人生は、アウトプットで大きく変わります。読書をアウトプットするだけで、計りしれないパフォーマンスを発揮することができます。本の情報を咀嚼してアウトプットしてはじめて、変化や他者に対する影響を与えることが可能になります。

私が、どんなにたくさんの本を読んでも、まったくアウトプットをしなければ、現実の世界は何も変わらなかったと思います。みなさまも、この機会に読書のアウトプットを実践してもらいたいと思います。

楽しくて、成長できる。それが最高の読書

最近、ビジネス書が売れないという話をよく聞きます。これは当然だと思います。本の読み方が変わってきているからです。ビジネス書はネットに置き換えられていますから情報の鮮度が低下しています。

そのような時代だからこそ、どのように読書をするかはとても大切です。いまはAmazonで本を購入する人が多いですが、私は書店に足を運びます。書店では多くのジャンルの本が存在しますが、そのようなときには、普段は絶対買わないような

ジャンルのコーナーに行くと刺激になります。ネットでは検索したものしかヒットしません。書店に足を運んで、あなたにぴったりの本を見つけてください。知的好奇心が研ぎ澄まされてアドレナリンが増幅されるはずです。

書店の楽しみ方はほかにもあります。本の物体としての魅力を見つけることです。本にはページの質感や紙の匂い、重みなど、さまざまな五感を通じてくる楽しみがあります。

「この本のつくり込みにはコストがかかっているな」「この本はいい紙を使っている」「この本は余白の見せ方がうまい」「このインクの色は渋い」など、作者や出版社の奥深くてこだわりのあるポイントを見つけたときにはまさに感動的です。このような本を見つけると思わず読みたくなります。

お金がもったいない！と思う人は図書館をおすすめします。図書館は無料で利用することが可能で、希望をリクエストすれば、購入してくれる可能性があります。あなたは無料で読みたい本を手にすることができるのです。しかも、すべての手続きはネットで完結できますから家を出る必要もありません。

読書ほど楽しくて素晴らしいものはありません。

ぜひ、日課にしてみてはいかがでしょうか。

そろそろ読書したくなってきましたか？

頭がいい人の読書のコツ

25

読書は、知識と成長を同時に手に入れられる最高の娯楽。おおいに楽しもう

おわりに

読書をすると、人生が劇的に豊かになる理由

昨年、「月に読む本が1冊未満」だったビジネスパーソンが6割を占めたというニュースが話題になりました。

読書離れといわれて久しいですが、電車に乗ってまわりを見渡せば、ほとんどの人がスマホを見ています。ニュースをチェックしていたり、電子書籍で本を読んでいる人もいます。さらに、見回せば本を読む人が少なくありません。

つまり活字（文章）が廃れているわけではありません。本の読み方が変化しているのです。読書そのものが変わったと考えるべきでしょう。

いまの時代は、どうやって読書と向き合うかが大切です。

一方で、変わらない普遍的なものもあります。

それは、本書でもお伝えしましたが、

「本は自分の好きに読めばいい」

ということです。好きに読んで楽しむことが大切なのです。


私がニュース記事を書きはじめたのは、約10年前になります。

当時、Ｙａｈｏｏ！ニュースをはじめ、ニュースサイトに書籍紹介記事を掲載している人は、私の知るかぎりいませんでした。

おかげさまで、いまでは影響力のあるコラムニストとして紹介される機会も増えました。なかには、掲載されて数百万ＰＶをたたき出す記事もあります。こうなると、Amazonは一気に完売になり即重版です。

いまは随分、書評サイトが増えましたが、そういった現象に少しでも影響を与えられていたのであれば、これは望外の喜びです。

私の記事がベストセラーのきっかけとなったことも多数あります。そのなかでも、印象深い1冊を紹介します。

『「死ぬくらいなら会社辞めれば」ができない理由（ワケ）』（汐街コナ著、ゆうきゆう監修、あさ出版）という本です。出版前にプルーフ版（わら半紙のミニ冊子）を編集者から送ってもらいました。「尾藤さん、この本売れると思います？」。

当時、世間をにぎわせていたのは自殺に対する悲しいニュースでした。

・日本では、15〜39歳の死因第1位が「自殺」であること
・中高年（50代）の自殺も顕著であること
・これらの現象は先進国では日本のみで見られる特徴であること

この本が、世相に対して一石を投じる可能性があると思ったので、出版前にもかかわらず記事にしてニュースに投稿してみました。

Yahoo!ニュースでは、初投稿にもかかわらず、国内2位のアクセスランキングを獲得しました。「これはいける！」と確信した私は、続けて記事を投稿しま

す。すると、2回目の投稿で、国内1位のアクセスランキングを獲得しました。

結果的に、この本は20回ほどニュースサイトに紹介しました。その後、読売新聞、朝日新聞、毎日新聞など主要新聞でも取り上げられ、『ＮＥＷＳ23』（ＴＢＳ）にて、特集が組まれて一気に火がつきました。

現在12万部を超える大ヒットを記録しています。もちろん、著者やこの本そのものに魅力があったわけですが、一助になったことを誇りに思っています。


本の影響力はただものではありません。なぜ本というメディアは偉大なのか。それは人の心に与える影響力が大きいからです。

私にとって読書とは、書籍を紹介するときのみならず、見識や有効な人間関係を構築することに好影響を与えてくれています。読書とは、何よりも読む者の心を豊かにする効果があります。

私は、現在、50歳を過ぎました。人生の残り時間が気になっています。そのようなときに、役立つのが読書です。他人の経験や知識を、本を通じて自分のものにすることができるからです。正しい読書法を身につければ、数十人分の知識や経験を身につけることも可能です。

ただし、読みっぱなしでは身につきません。本書では、アウトプットする効果や意義、いくつかのエッセンスを紹介しました。

きっと、あなたの読書を上達させるためのヒントになるはずです。

まずは、本書の感想を、TwitterやFacebook、インスタグラムなどのＳＮＳでアウトプットするところから、はじめてもよいでしょう。「#頭がいい人の読書術」のハッシュタグをつけていただければ、なるべく目を通させていただきます。

あなたが、心を豊かにする1冊に出会えることをお祈りしています。

２０２０年4月1日　皆さまの心に平穏が戻ることを祈って

尾藤 克之

参考図書

『幸福優位7つの法則　仕事も人生も充実させるハーバード式最新成功理論』（ショーン・エイカー著、高橋由紀子訳、徳間書店）
『脳の力を100%活用する ブレイン・ルール』（ジョン・メディナ著、小野木明恵訳、NHK出版）
『「知」のソフトウェア　情報のインプット&アウトプット』（立花隆著、講談社）
『人間性の心理学 モチベーションとパーソナリティ』（A・H・マズロー著、小口忠彦訳、産能大出版部）
『学びを結果に変えるアウトプット大全』（樺沢紫苑著、サンクチュアリ出版）
『精神科医が教える 読んだら忘れない読書術』（樺沢紫苑著、サンマーク出版）
『新版 考える技術・書く技術 問題解決力を伸ばすピラミッド原則』（バーバラ・ミント著、グロービス・マネジメント・インスティテュート監修、山﨑康司訳、ダイヤモンド社）
『「読む力」と「地頭力」がいっきに身につく 東大読書』（西岡壱誠著、東洋経済新報社）
『1冊3分で読めて、99%忘れない読書術 瞬読』（山中恵美子著、SBクリエイティブ）
『新版 あなたもいままでの10倍速く本が読める』（ポール・R・シーリィ著、神田昌典監修、井上久美訳、フォレスト出版）
『遅読家のための読書術 情報洪水でも疲れない「フロー・リーディング」の習慣』（印南敦史著、ダイヤモンド社）
『速読日本一が教える すごい読書術 短時間で記憶に残る最強メソッド』（角田和将著、ダイヤモンド社）
『読書の技法』（佐藤優著、東洋経済新報社）
『波風を立てない仕事のルール ほどほどを望む人に捧ぐ「逆説」の働き方指南』（尾藤克之著、きずな出版）
『即効! 成果が上がる 文章の技術』（尾藤克之著、明日香出版社）
『あなたの文章が劇的に変わる5つの方法』（尾藤克之著、三笠書房）

［著者紹介］

尾藤克之（びとう・かつゆき）

コラムニスト、著述家、明治大学サービス創新研究所研究員。

東京都出身。議員秘書、大手コンサルティングファームにて、経営・事業開発支援、組織人事問題に関する業務に従事、IT系上場企業などの役員を経て現職。現在は障害者支援団体のアスカ王国（橋本久美子会長/橋本龍太郎元首相夫人）を運営しライフワークとしている。

NHK、民放のTV出演、協力多数。コラムニストとしても、「JBpress」朝日新聞「telling,」「オトナンサー」「アゴラ」「J-CASTニュース」で執筆中。

本書の【1冊10分でインプットし、30分でアウトプットする技術】を駆使し、これまで多数の本を紹介。多くの本のベストセラーのきっかけとなっている。

著書には『あなたの文章が劇的に変わる5つの方法』（三笠書房）、『即効！ 成果が上がる 文章の技術』（明日香出版社）など多数。本書が16作品目となる。

埼玉大学大学院博士課程前期修了。経営学修士、経済学修士。

頭がいい人の読書術

2020年 2 月 10 日　第1刷発行
2020年 4 月 13 日　第2刷発行

著　者　尾藤克之
発行者　徳留慶太郎
発行所　株式会社すばる舎
〒170-0013
東京都豊島区東池袋3-9-7 東池袋織本ビル
TEL 03-3981-8651（代表）
03-3981-0767（営業部）
振替 00140-7-116563
http://www.subarusya.jp/
印刷所　中央精版印刷株式会社

落丁・乱丁本はお取り替えいたします

ISBN978-4-7991-0881-9